读故事塑品格

奥运精神我来学

何文遥 著

中原出版传媒集团
中原传媒股份公司

大象出版社
·郑州·

目录

奥运故事里蕴含着什么精神？（代序）……1

第一章　冰雪的呼唤……1

故事1　四朝元老的梦想……3

故事2　十七岁的青春正年少……8

故事3　中国队的冰上尖刀……13

第二章　中国奥运的奋斗……19

故事1　孤独的先行者：一个人的奥林匹克……21

故事2　看到差距方能迎头赶上……25

故事3　中国奥运第一金终于来了……30

第三章　永不放弃的女排精神……37
　　故事 1　跌倒了就要迅速爬起来……39
　　故事 2　实现不能完成的大逆转……46
　　故事 3　强中更有强中手……52

第四章　乒乓球队的绝活儿如何练就？……59
　　故事 1　小个子的秘密武器……61
　　故事 2　新打法让"世界第一"蒙了……66
　　故事 3　拼命三郎笑傲北京赛场……71

第五章　越是紧张越要冷静……77
　　故事 1　充满温情和鼓励的小卡片……79
　　故事 2　易思玲的"催眠"食谱……84
　　故事 3　教练用了缓兵之计……89

第六章　挑战自我也是一种伟大……95
　　故事 1　奥运赛场上飞翔的中国人……97
　　故事 2　二十二年努力与一枚冬奥会金牌……102
　　故事 3　缤纷的落叶化身为每一个对手……107

第七章　勤奋是成功的基石……113
　　故事 1　在教练激励下一把举起杠铃……115
　　故事 2　越是热天越要练，越是高坡越要走……120
　　故事 3　泳池里的高能摄像机……125

第八章　每一次成功都离不开团队的帮助……131
　　故事 1　为了中国队，大家拼了……133
　　故事 2　林丹的球包上写着全队鼓励的话……138
　　故事 3　朴实球员，制胜奇兵……143

第九章　从一次成功走向下一次成功……149
　　故事 1　最稳定的卫冕冠军……151
　　故事 2　读书时代与跳水人生……156
　　故事 3　奥运四连冠，青春永不老……161

第十章　体育让我们更爱国……167
　　故事 1　王军霞身披国旗在赛场飞奔……169
　　故事 2　"要让外国裁判看得起我们"……175
　　故事 3　一旦祖国需要就毫不犹豫复出……180

奥运故事里蕴含着什么精神？（代序）

2021年和2022年，东京奥运会和北京冬奥会相继举行。一大批中国选手在赛场上披荆斩棘、顽强拼搏，体现了奥运精神，为祖国赢得了多项奥运冠军。

那究竟什么是奥运精神？我们又为什么要学习奥运精神呢？

什么是奥运会？

想了解奥运精神，首先要知道什么是奥运会。

在距今大约2800年前，位于欧洲的古希腊拥有大大小小200多个城邦，他们常年战争。由于人民渴望和平，后来有人提议，在各城邦之间举行一次体育比赛，在比赛期间城邦间不得交战。比赛在古希腊的奥林匹亚举行。

第一届古代奥林匹克运动会于公元前776年举行，后来逐渐变为和平与友谊的运动会。比赛最初的项目以田径为主，后来逐渐增加了摔跤、拳击等项目。公元394年后，因时代变化、政权更迭等原因，古代奥林匹克运动会被废止。

1892年，法国教育家、国际体育活动家顾拜旦呼吁复兴奥林匹克运动。在他的发起下，国际奥林匹克委员会（简称国际奥委会）于1894年成立。1896年第一届现代奥林匹克运动会（简称奥运会）在古代奥运会的发源地希腊首都雅典举行。此后，奥运会每四年一次，轮流在世界各地举办。其中，1916年奥运会因第一次世界大战而停办，1940年和1944年两届奥运会因第二次世界大战而停办。

由于奥运会均在夏季举行，冰雪项目无法参与到奥运会中，于是在1924年，国际奥委会在法国城市霞慕尼举行了第一届冬季奥运会（简称冬奥会）。和夏季奥运会一样，冬奥会也是每四年举行一次。

原本冬奥会和夏季奥运会是同年进行，到了二十世纪九十年代，国际奥委会为了减轻参赛代表团的压力，决定从1994年开始，冬奥会与夏季奥运会错开两年交替进行，夏季奥运会在4的倍数年举行，冬奥会在偶数非4的倍数年举行。2020年东京奥运会因新冠肺炎疫情的关系推迟到2021年举行，但名称不变，仍称为2020东京奥运会。

中国选手为参加奥运会并夺取金牌，经历了长达数十年的不懈努力。

1932年，中国田径选手刘长春参加洛杉矶奥运会，这是中国运动员第一次站在奥运赛场上。1949年新中国成立后，中国体育代表团参加了1952年赫尔辛基奥运会。1979年，中国重返奥林匹克大家庭。1980年，中国选手参加了普莱西德湖冬奥会，这是新中国成立后第一次参加冬奥会。四年后，中国体育代表团在美国洛杉矶参加了第二十三届奥运会，中国射击运动员许海峰获得了中国奥运史上第一枚金牌，这是全体中国人的骄傲。此后，一代又一代优秀的中国运动员，为了五星红旗能够在奥运赛场升起、国歌能够在奥运赛场奏起，一次又一次在赛场上挥洒青春和热泪，谱写出一曲又一曲壮丽的乐章。

2008年，北京首次举办夏季奥运会。2022年，北京联合张家口成功举办冬奥会。北京成为世界上第一个分别举行夏季奥运会和冬奥会的城市，这是中国人的骄傲。

什么是奥运精神？

那什么是奥运精神呢？

国际奥委会在《奥林匹克宪章》中写道："每一个人都应享

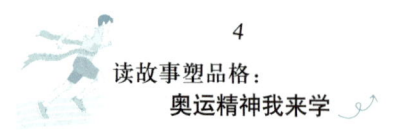

有从事体育运动的可能性，而不受任何形式的歧视，并体现相互理解、友谊、团结和公平竞争的奥林匹克精神。"

这就是奥林匹克精神。为了达到这一目标，各国运动员们在参赛的过程中，克服困难、团结友爱、顽强拼搏，又衍生了很多新的奥运精神。

奥运精神的第一条原则就是重在参与。

2000年悉尼奥运会，一位来自非洲国家赤道几内亚的选手穆桑巴尼出现在男子100米自由泳的比赛现场。穆桑巴尼所在小组一共有三名选手，另外两人因犯规被取消成绩。穆桑巴尼一个人跃入水中，但因为动作不规范，他游得越来越慢也越来越吃力，他觉得自己就要沉入水中，但他没有放弃，而是用尽全身力气游到终点。

1分52秒72，这是穆桑巴尼的比赛成绩，这个成绩并不理想，一般的参赛选手，在50秒内就可以完成比赛。但全场观众没有一个人嘲笑穆桑巴尼，而是全体起立，为他鼓掌加油。包括中国中央电视台在内的世界各大媒体都在转播他的比赛，赞扬他战胜自我，体现了奥运精神。

我国选手刘翔，在2012年伦敦奥运会的男子110米栏比赛中，在跨越第一个栏的时候摔倒在地，腿部受伤不能完成比赛。虽然此时其他人已跑过终点、完成比赛，但刘翔仍坚持爬起来，用单腿向终点一步一步跳过去，无数人为此流下热泪。

现代奥运会已经举办一百多年了，进行过无数比赛，也涌现出众多令人感动的瞬间。

我们为什么要学习奥运精神？

或许有同学要问，很多展现奥运精神的人，都是奥运冠军、世界冠军，他们是世界上杰出的人物，他们的精神，我们能学会吗？

其实奥运冠军也是普通人，他们身上的运动天赋我们大多数人不具备，但他们在训练、成长中遇到的问题，可能和我们是一模一样的。他们也对比赛紧张、害怕，面对困难也想过逃避，有的人也会发脾气、任性。

我们要学习的，就是他们在面对这些困难的时候是如何克服、解决的，以便在自己面对这些问题时，借鉴他们的办法；当我们遇到压力和阻碍时，用他们的故事来激励我们进步。

林丹是2008年北京奥运会和2012年伦敦奥运会两届羽毛球男子单打冠军。他小时候学习打球时曾有一段时间特别任性，练得好时恨不得打上三天三夜，练得不好时就一塌糊涂。后来他意识到，这种任性影响了自己的发展。那他是怎么改掉的呢？同学们有没有任性的时候？想怎么改呢？

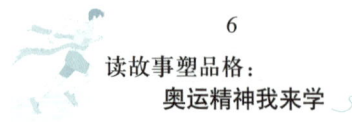
读故事塑品格：
奥运精神我来学

刘国梁是1996年亚特兰大奥运会乒乓球男子单打和男子双打的双料冠军。他四五岁的时候，每天晚上都听他父亲讲乒乓球选手奋力拼搏、永不放弃的故事，讲新中国第一个乒乓球世界冠军容国团"人生能有几回搏"的故事。刘国梁因此从小树立起长大要当世界冠军、为国争光的信念。同学们是否也愿意听这些拼搏的故事，鼓励自己在学业上勇攀高峰呢？

那我们如何来学习呢？在后面的文章中我们会讲到。

如何学习奥运精神？

《哈利·波特》电影曾风靡世界，世界各地很多小朋友在看了以后，也想去学魔法，去斗伏地魔。当我们学习奥运精神的时候，要不要也相应地去学游泳或者去跑步呢？

游泳、跑步或者其他运动，对于锻炼身体来说都非常好，但想通过锻炼成为奥运冠军，那太难了。所以在这本书中，我们希望同学们可以学到参赛选手面对困难、处理问题的办法。期待同学们看到后能有收获。

奥运精神非常多元，因此我们也只能撷取一些浪花，起到抛砖引玉的作用。更多奥运精神，期待与同学们一起学习和领悟。

第一章

冰雪的呼唤

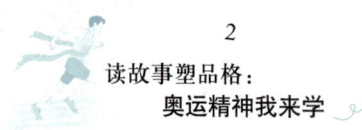

在严寒中可以培养广阔的心胸和坚韧不拔的品质。

2022年2月4日,第二十四届奥林匹克冬季运动会在北京国家体育场开幕,北京成为奥运会历史上第一个举办过夏季奥运会和冬奥会的城市。

冬奥会离不开冰雪,冬奥会的所有项目,一定有冰或者雪。其中冰上项目多数在室内进行,而雪上项目则基本在室外进行。

借着冬奥会举办的契机,全国各地积极响应"带动三亿人参与冰雪运动"的号召,发展冰雪运动。在中国的北方,已经有越来越多的青少年参与到冰雪运动中,很多学校都开展了滑冰课,也有很多同学拿起雪杖、雪板去滑雪。

参与冰雪运动能塑造什么样的品质呢?冰雪运动会给人带来刺激感,但冰雪运动是有风险的。因此,在进行冰雪运动的时候,如何保护自己和正确躲避风险是非常重要的事情。按照专业教练的要求进行循序渐进的训练后,人们就可以在大自然中领略冰雪的魅力。一步一步挑战自我,更容易培养出坚韧不拔的意志。

故事 1

四朝元老的梦想

——徐梦桃四次征战冬奥会的历程

在获得冠军的瞬间,已四次征战冬奥会的徐梦桃不敢相信眼前这一切,不断兴奋又急切地问:"是我吗?我是第一吗?"在获取金牌的背后,是这位三十一岁老将带着一身伤病却又不懈的坚持。

平昌冬奥会时,徐梦桃腿里还有手术时留下的钢钉

徐梦桃 1990 年 7 月出生在辽宁省鞍山市,她的姨姥姥刘兰芳是全国闻名的评书表演艺术家,二十世纪八十年代初说的评书《岳飞传》《杨家将》家喻户晓。刘兰芳取"梦里遇陶公,笑看红尘事"的意境,给孩子取名叫"梦桃",是希望她能够像陶渊

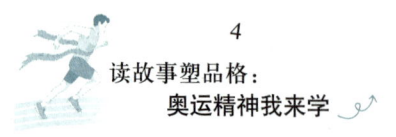

明笔下的桃花源人一般，无忧无虑地快乐生活。

徐梦桃五岁时开始练体操，八岁入选辽宁省体操队。随着身体长高，徐梦桃不再适合练体操，于是她从2002年下半年开始改练自由式滑雪空中技巧。2010年温哥华冬奥会，十九岁的徐梦桃第一次站在冬奥会赛场，那时她初出茅庐，正是风华正茂、青春无限的年龄。那一次比赛，徐梦桃因比赛经验不足出现失误摔倒在着陆坡上，排名第六。

接下来的四年，徐梦桃多次在国际比赛中问鼎，2014年索契冬奥会，她是当仁不让的自由式滑雪女子空中技巧项目夺冠大热门，却在最后不敌白俄罗斯选手获得该项亚军。

这些成绩的背后，是徐梦桃一身的伤病。温哥华冬奥会前，她右腿前交叉韧带撕裂；索契冬奥会前，她右腿内侧副韧带撕裂。这两届冬奥会，她都是带伤出战。2016年年初，徐梦桃在比赛中受伤，在随后的手术中，医生为徐梦桃进行了左腿前十字交叉韧带重建术，外侧半月板切除60%。

2018年平昌冬奥会，徐梦桃的腿上还打着钢钉，最终成绩不尽如人意，徐梦桃泪洒赛场。本来计划"不夺冠就退役"，但徐梦桃最终坚定要完成冬奥会夺冠的梦想，决定再战四年。未上训练场先上手术台，徐梦桃又切除了左腿内侧60%的半月板。

在病床上，徐梦桃想到2022年的北京冬奥会，她反复问自己，想坚持就需要坚持四年，自己能做到吗？

团体赛银牌，徐梦桃拥抱失误队友

自由式滑雪空中技巧比赛跌宕起伏，偶然性也非常大。

北京冬奥会，女子空中技巧赛程分为预赛和决赛两部分。预赛中，所有选手都会从雪道上一冲而下，然后再腾空而起，在空中做转体等动作。裁判会按照起跳、空中动作、着陆三个部分进行打分，三部分得分相加后乘难度系数，得出每个选手的最终得分。

第一轮预赛后，每组排名前六的选手直接进入决赛第一轮，其余选手则可以再跳一次，这其中排名前六的选手也进入决赛第一轮。在决赛第一轮，十二名选手都有两跳机会，两跳中得分较高的那一次成绩即为选手最终得分，排名前六的选手进入决赛第二轮。这意味着，无论是预赛，还是决赛第一轮，比赛都有容错机制，允许每个选手出现一次失误。

但决赛第二轮没有容错机制，六名选手必须拿出看家本领，挑战女子选手最高难度系数为 4.293 的动作，这也意味着这场比赛的挑战性强、需要运动员具有更好的稳定性，偶然因素很大。

对于徐梦桃来说，在前三届冬奥会上她都是自由式滑雪女子空中技巧项目夺冠大热门，却始终没能夺冠，这是她深深的遗憾。尤其在 2018 年平昌冬奥会，徐梦桃腿里还有钢钉，那时她发出

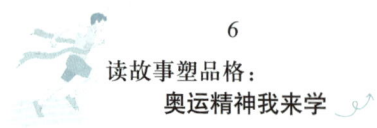

了"不夺冠就退役"的誓言,可依然没有圆梦。

徐梦桃太渴望获得冬奥会金牌了,她希望能在北京冬奥会圆梦,因此她依旧坚持艰苦训练。

北京冬奥会,徐梦桃第四次踏上冬奥会赛场,这一次她有两次挑战金牌的机会。自由式滑雪空中技巧项目新增了混合团体赛,每支队伍派出一名女选手和两名男选手参赛。在2022年2月10日晚,徐梦桃和队友贾宗洋、齐广璞一起,以总分第一名的成绩闯入决赛第二轮。

在随后的比赛中,徐梦桃发挥出色,获得106.03分的高分。但由于队友失误,中国队最终获得第二名,徐梦桃再次与金牌无缘。赛后,徐梦桃并没有抱怨,而是拥抱队友给他安慰。

夺冠后反复确认"我是第一吗?"

自由式滑雪空中技巧混合团体赛获得银牌后,徐梦桃把精力放在了个人赛上。按照赛程,自由式滑雪女子空中技巧的预赛在2月13日下午进行,决赛则在2月14日晚上进行。可是不巧,从2月12日晚开始,中国华北地区普降大雪,河北省张家口市的比赛场地能见度很低,不利于比赛。因此,该项预赛推迟到2月14日下午3时,但决赛第一轮依旧在2月14日晚7时举行。预赛和决赛在同一天进行,意味着预赛后运动员没有时间恢复和休息，这对老将徐梦桃来说是个考验。

预赛第一轮，徐梦桃第一个出场，获得101.10分的高分。第一轮过后，徐梦桃位列第三名，直接晋级决赛第一轮。决赛第一轮有两次比赛机会，徐梦桃第一跳获得103.89分，位列第二名。第二跳比赛前，徐梦桃看到自己已稳获决赛第二轮资格，于是放弃了比赛，全力以赴准备最后一跳。

决赛第二轮，晋级的六名选手每人只有一次比赛机会，徐梦桃倒数第二个出场，美国选手阿什利·考德威尔最后一个出场，她在预赛和决赛第一轮的成绩都比徐梦桃要好。

白俄罗斯选手汉娜·胡什科娃第一个登场，获得107.95分，这个分数给后面所有的选手都带来极大压力。

徐梦桃依然选择最高难度系数为4.293的动作，她在空中出色地腾空翻转，然后稳稳落地，成功了！徐梦桃难掩激动的表情，108.61分，超越汉娜·胡什科娃暂列第一名。最后一名选手阿什利·考德威尔挑战高难度动作失利，徐梦桃收获了她梦寐以求的金牌，她也成为第一个获得这一项目金牌的中国女运动员。

当知道自己夺冠后，徐梦桃如在梦中一般，不敢相信这一事实，反复确认："是我吗？""我是第一吗？"当得到肯定答案后，徐梦桃泪流满面，她披上国旗，跪在雪地上，大声喊道："我在自己家门口赢啦！"声音经久不息。

故事 2

十七岁的青春正年少

——单板滑雪选手苏翊鸣的格局

当苏翊鸣以高难度动作获得单板滑雪男子坡面障碍技巧亚军的时候,很多人为他鸣不平,认为裁判对他压分。苏翊鸣却展示了难能可贵的大度。

为北京冬奥会放弃演艺事业

传统的滑雪装备是两支雪板和两支雪杖,单板滑雪则只要一块雪板。单板滑雪相对于双板滑雪,起步很晚,但一诞生就成为青少年所喜爱的运动。北京冬奥会冠军苏翊鸣也是在小小年纪就喜欢上了单板滑雪。

第一章　冰雪的呼唤

苏翊鸣2004年2月18日出生在吉林省吉林市，他四岁就在父亲带领下喜欢上了滑雪。因为滑雪技术好，苏翊鸣成了小童星，多次参加过影视剧拍摄。2014年，苏翊鸣在电影《智取威虎山》中扮演一个滑雪技术出众的孩子"小栓子"，引人注目。

2015年，北京和张家口联合申办冬奥会成功，苏翊鸣得知这个消息后，决心要参加北京冬奥会，去争取奥运金牌。为此，苏翊鸣退出了演艺事业，全心全意进行滑雪训练。

2018年8月，苏翊鸣入选国家集训队备战2022年冬奥会。2019年2月18日，苏翊鸣在十五岁生日当天，获得第二届全国青年运动员单板滑雪男子大跳台和单板滑雪男子坡面障碍技巧项目冠军。

苏翊鸣成为专业运动员后，拜日本教练佐藤康弘为师。佐藤教练对苏翊鸣的要求极为严格，对每一个细节都有很高要求。苏翊鸣训练也非常刻苦，胜负心很强烈，对自己要求很高，这让教练非常放心。

苏翊鸣在教练和团队共同帮助下，进步很快，开始在国际大赛中崭露头角。

超高难度动作收获冬奥会银牌

2022年2月6日，北京冬奥会正式比赛的第二天，单板滑

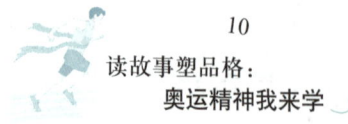

雪男子坡面障碍技巧资格赛赛场传来一个令人振奋的消息，十七岁的苏翊鸣战胜诸多名将，以资格赛第一的成绩进入决赛。

之所以说令人振奋，是因为中国队在滑雪项目上实力不强。尤其在单板滑雪项目中，只有在女子 U 型场地技巧赛这个项目上有一定的竞争力。坡面障碍技巧赛，还是男选手，竟然还是资格赛第一，这是很多冰雪爱好者赛前根本没有想到过的事情，因此大家对决赛充满了期待。

决赛在 2 月 7 日中午进行，比赛一共有三轮，三轮中的最高分即为选手的最终得分，这也意味着比赛允许每名运动员犯错两次。因为在资格赛排名第一，苏翊鸣在决赛中每轮都是最后一个出发。

在第一轮比赛中，苏翊鸣得到 78.38 分，排在第四位。第一次参加冬奥会决赛，苏翊鸣非常紧张，但出发的刹那，当他听到所有人都在为自己欢呼，压力一下子就没有了，只想做到最好。

第二轮比赛，高水平选手纷纷提高了自己的动作难度，加拿大名将马克斯·帕罗特跳出了 90.96 分的惊人高分。随后出场的苏翊鸣也提高了难度，做出了反脚外转 1440 度接反脚内转 1620 度再接正脚内转 1800 度的高难度动作，最终平稳落地。

这个动作完成质量非常高，震撼全场，苏翊鸣也因此获得了 88.70 的高分，排名第二。三轮过后，苏翊鸣第二轮成绩最佳，略低于马克斯·帕罗特,获得这个项目的银牌。

赛后,很多观众认为苏翊鸣做出1800度的高难度动作,最终却只获得亚军,是裁判压分了。面对争议,苏翊鸣很坦然,他表示获得银牌已经让自己很开心,他是看着马克斯·帕罗特和马克·麦克莫里斯(该项目铜牌获得者)的比赛长大的,视他们为单板滑雪的大神,能和这两位大神一起站上领奖台,苏翊鸣感觉非常荣幸。苏翊鸣这种大气的格局为他带来广泛的好评。

男子大跳台夺金创造中国冬奥会历史

获得男子单板滑雪坡面障碍技巧赛银牌后,苏翊鸣把精力放在几天后进行的单板滑雪男子大跳台的比赛。和单板滑雪坡面障碍技巧赛有一连串的动作不同,单板滑雪大跳台只有一个动作,需要选手全力完成最难最好的动作,这给苏翊鸣带来新的挑战。

单板滑雪男子大跳台资格赛在2月14日举行,比赛一共有三轮,取最好的两轮成绩相加,就是每名选手的最终成绩。在资格赛第一轮,苏翊鸣跳了1800度高难度动作,完美的表现让他获得92.50的高分,这是当天资格赛的全场最高分。最终,苏翊鸣以155.25分的成绩排名第五,进入决赛。对于第三轮比赛出现的失误,苏翊鸣表示回去后会与教练好好总结,为决赛做好准备。

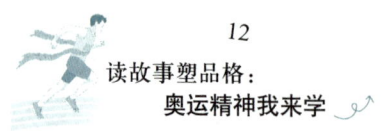

单板滑雪男子大跳台的决赛在 2 月 15 日进行，这离苏翊鸣 18 岁生日只有三天，他希望能为自己赢得一枚金牌，当作一份最好的生日礼物。

第一轮比赛，苏翊鸣跳了外转 1800 度转体，成功落地后获得 89.50 的高分。第二轮比赛，苏翊鸣内转 1800 度转体，这一次完成得更加成功，获得 93.00 分。两轮比赛过后，苏翊鸣以总分 182.50 分暂列第一。

第三轮比赛，出发顺序是按照排名倒序出发，因此苏翊鸣最后一个登场。等到他出发的时候，其余选手都已经完成比赛，他依然排名第一，这意味着苏翊鸣已提前获得金牌，观众们开始欢呼。最终苏翊鸣以一个简单动作轻松完成比赛。

这是中国队在冬奥会单板滑雪项目上的第一金，苏翊鸣又一次创造历史。在赛后，苏翊鸣动情地表示，努力从来不会骗人。他在过去四年里，每一晚都梦想自己能在家门口的冬奥会上站在最高领奖台，将五星红旗披在身上，如今这个愿望终于实现了。

故事 3

中国队的冰上尖刀

——中国短道速滑队冰与火的历程

在北京冬奥会赛场上,中国短道速滑队延续一贯的优良传统,为中国冬奥会代表团获得了第一枚金牌,创造了开门红。

短道速滑队肩负夺取第一金的重任

在冬季运动项目中,中国运动员起步较晚,真正有竞争实力的项目并不多,其中短道速滑项目在国际赛场上具有较强竞争力。从 2002 年获得冬奥会首金以来,截止到北京冬奥会前,中国一共获得过 13 枚冬奥会金牌,其中 10 枚金牌来自短道速滑队。

北京冬奥会上,中国队第一个有实力获取金牌的比赛是短道

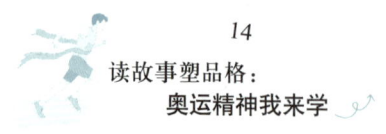

速滑男女混合 2000 米接力，这是北京冬奥会新增加的项目。

这个项目和以前的短道速滑接力比赛有所不同。一是距离短，每人只需要滑行 500 米，这是四圈半的距离，每名选手需要上场两次，按照一棒到四棒的顺序交替上场，分别滑两圈和两圈半，这需要运动员有极强的爆发力，始终保持高速滑行。二是男、女混合赛。短道速滑接力比赛交接棒的时候，要求交棒选手在后面推接棒选手的腰部使其获得一定的助推力，这样算完成一次交接棒动作。这给第二棒女选手交棒第三棒男选手时带来压力，她们必须要推动体重比自己大得多的男选手。

2022 年 2 月 5 日晚，短道速滑男女混合 2000 米接力比赛在北京首都体育馆举行，比赛分为三轮，分别是四分之一决赛、半决赛和决赛，在一个小时内要进行三轮比赛，对运动员体力是很大的考验。

半决赛第三个冲过终点，大家紧盯裁决结果

四分之一决赛，中国队在第一组，同组还有意大利队和韩国队两个强队，只有前两名能晋级半决赛，因此中国队派上了经验丰富的选手。其中武大靖是 2018 年平昌冬奥会短道速滑男子 500 米冠军，今年已经是第三次参加冬奥会了，女运动员范可新也同样是第三次参加冬奥会。另外两名运动员任子威（男）和曲

春雨（女）也都参加了 2018 年平昌冬奥会，并获得过奖牌。

比赛开始之后，虽然小组中有两个强劲对手，但中国队表现得很轻松，范可新起跑抢到了第一的位置，虽然后来被对手超越，但曲春雨漂亮的反超又夺回第一，让人非常振奋。此后，中国队牢牢把握住第一的位置。

最终，中国队轻松以 2 分 37 秒 535 的成绩获得第一，成功晋级半决赛，夺冠大热门韩国队则因队员不慎摔倒无缘半决赛。

半决赛时，中国队被分在第二组，同组有匈牙利队、俄罗斯奥委会队以及美国队。考虑老将范可新的体力问题，教练安排新秀张雨婷替代范可新上场。

由于受到对手干扰，中国队第三个冲过终点。每个小组只能前两名晋级，第三名很有可能就要被淘汰，除非前两名队伍中有人犯规第三名才可能晋级。大家都惊呆了，紧张地盯着大屏幕，等待裁判的裁决结果。

最终裁判判罚，美国队和俄罗斯奥委会队都有犯规，均被罚下，中国队以小组第二的成绩晋级决赛。

作为老将，武大靖经验丰富，他表示，半决赛结束后，在判罚结果还没出来时，全队已经想到了各种结果，做好随时上场比赛的准备。

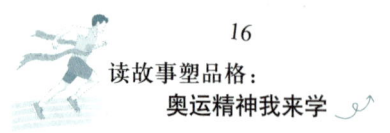

惊险夺冠，只差了一个刀尖的距离

由于半决赛成绩不理想，中国队在决赛中道次不佳，被分到第四道，进入决赛的队伍还有加拿大队、匈牙利队和意大利队。

决赛前，老将范可新体力恢复，重新上场，中国队四棒次序依旧是范可新、曲春雨、任子威和武大靖。在临上场前，曾在半决赛出战的张雨婷送四位队友登场，展现了让人暖心的一幕。

枪响以后，范可新抢到第三的位置，力压加拿大队。曲春雨上场后漂亮地超越，上到了第二位。在曲春雨和任子威交接棒的时候，任子威又趁势上到了第一位。

比赛竞争激烈，匈牙利队队员与加拿大队队员因碰撞双双摔出场地，中国队趁势取得遥遥领先的优势。最后一棒，意大利选手奋力追赶，武大靖则死死守住自己的位置，最终以领先一个刀尖的距离惊险夺冠。中国队最终以2分37秒348的成绩夺冠，这是中国队在北京冬奥会的第一金，短道速滑队为中国队赢得了开门红。

赛后，武大靖与范可新都流下了激动的泪水。尤其是范可新，三次征战冬奥会，这是她的第一枚奥运金牌。范可新表示，从进入国家队的那一天开始，她就渴望获得冬奥会金牌，十二年过去了，这个梦想终于实现。范可新动情地大声喊道："我们做到了！"

同样感慨的还有武大靖，四年前的平昌冬奥会，他为中国代表团获得了唯一一枚金牌。但此后他经历了一段低谷，饱受外界质疑。武大靖并没有放弃，始终为这枚接力金牌做积极准备，夺冠后，他眼里含着泪水，连连说"圆梦了"。

获得首金后，中国短道速滑队并没有停下前进的脚步。2月7日，任子威与李文龙包揽短道速滑男子1000米比赛的金、银牌。2月13日，中国女队获得了短道速滑女子3000米接力的铜牌。在北京冬奥会上，中国短道速滑队一共获得了两金一银一铜的成绩。

中国短道速滑队这一连串的佳绩，无愧于他们"冰上尖刀"的称号，这也是他们经历冰与火的考验换来的。

我与奥运

这三个故事各有特点：第一个故事讲述的是老将的坚持，第二个故事讲述的是新星的突破，第三个故事讲述的是团队的力量。

冰雪项目显示了它的残酷性。首先，寒冷的比赛环境会消磨人的意志；其次，冰雪项目速度快，危险性要大得多；再次，冰雪项目因为摩擦系数小，非常容易摔倒，对于自由式滑雪和单板滑雪这种运动来说，运动员摔倒受伤的概率非常高。这些特性，意味着参赛选手要有非常坚定的毅力和坚强的性格，才能去面对

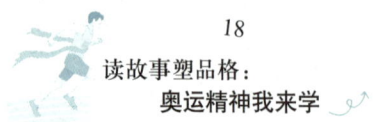

读故事塑品格：
奥运精神我来学

挑战。

　　同学们无论是否会参与冰雪运动，都应该学习这种宝贵的品质，有了这些品质后，面对困难将不再胆怯，而是加倍努力去克服。这对将来的成长将受益无穷。

思 考

1. 同学们在假期里收看北京冬奥会比赛了吗？有什么收获？
2. 哪一项冬奥会比赛让你感触最多？
3. 通过阅读这三篇故事，你能学习到什么？

第二章

中国奥运的奋斗

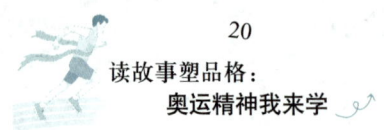

读故事塑品格：
奥运精神我来学

我怎么能追上前面的同学？

同学们在学习过程中，每天都会学到新知识，因此每天都在进步。但每个人进步的速度是不一样的，有的人进步快，有的人进步慢。也许有的人在学习过程中不知不觉落后了，那如何追赶前面的同学呢？

下面三个小故事，是讲中国健儿在不同阶段通过奋斗实现梦想的过程，从1932年第一次参加奥运会，到1984年第一次获得奥运金牌，三四代人经历了五十多年的奋斗。

让我们一起看看，他们是如何在体育世界迎头赶上的。

故事 1

孤独的先行者：一个人的奥林匹克

——刘长春征战 1932 年洛杉矶奥运会

"我刘长春是中华民族炎黄子孙，我是中国人，绝不代表伪满洲国出席第十届奥林匹克运动会。"

以中国人的名义征战奥运会

1896 年，第一届现代奥运会在希腊首都雅典举行，当时的中国清政府也收到了参赛邀请。但对于清政府来说，首先并不知道奥运会是什么，也不明白开展体育运动能给国家、给老百姓带来什么；其次清政府腐败无能，已经被内忧外患搞得焦头烂额，根本无暇关注其他事务。因此，中国人与第一届奥运会失之交臂。

1908年，《天津青年》杂志发出"奥运三问"："中国何时能参加奥运会？""何时能取得奥运金牌？""何时能举办奥运会？"当时杂志社的编辑们，并不知道实现第一个目标需要二十多年，而实现最后一个目标需要整整一百年。

1932年，第十届奥运会即将在美国洛杉矶举行，来自辽宁省大连市的刘长春申请参加奥运会，引起全国轰动。

刘长春出生于1909年11月25日。1929年5月底，当时就读于东北大学体育系的刘长春，在沈阳举行的第十四届"华北运动会"上，一举打破了男子100米、200米和400米三个短跑项目的全国纪录。尤其是在100米决赛中，刘长春更是跑出了10.8秒的好成绩。

1931年，"九一八"事变爆发。之后，日本帝国主义在中国东北地区成立了一个傀儡政府，历史上被称为"伪满洲国"，这个傀儡政府遭到了全体中国人的抵制。伪满洲国声称，刘长春将代表他们参加洛杉矶奥运会。

刘长春听到这个消息，非常生气。于是他在当时非常有影响力的报纸《大公报》上发表声明："我刘长春是中华民族炎黄子孙，我是中国人，绝不代表伪满洲国出席第十届奥林匹克运动会。"北京、天津、上海等地的爱国人士纷纷响应，支持刘长春，并帮助刘长春以中国人的名义，报名参加了洛杉矶奥运会。

"希望你取得好成绩，长一长中国人的志气"

参加奥运会需要经费，刘长春并没有那么多钱。然而，当时的南京政府以经费不足为由，拒绝了刘长春请求资助的要求。

刘长春又找到了在北京的一位友人。友人听闻刘长春不肯为伪满洲国充当奥运代表的壮举后，大为感动，毅然拿出八千块大洋，资助刘长春前往洛杉矶。临行前，友人鼓励刘长春说："希望你能在奥运会上取得一个好成绩，长一长中国人的志气。"

1932年7月8日上午10点，刘长春从上海启程，搭乘威尔逊总统号游轮前往美国洛杉矶。当年的交通远没有现在发达，现在坐飞机十多个小时就能从上海到达洛杉矶，同样的路程，刘长春却在海上漂泊了二十一天。

当游轮停靠在日本横滨的时候，日本当地媒体采访刘长春，并希望他能说出支持伪满洲国的话。刘长春再一次表明自己是中国人、不当汉奸的态度。

举起国旗参加奥运会开幕式

7月29日下午，刘长春抵达洛杉矶，受到了当地爱国华侨的热烈欢迎。第二天就是奥运会开幕的日子，刘长春举着一面国旗，参加了奥运会开幕式。虽然只有一名运动员，但中国人能第

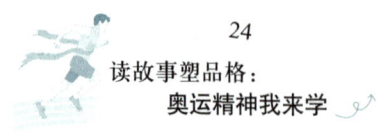

一次站在奥运赛场上，已是一个不小的进步。

7月31日，刘长春迎来第一场比赛。刘长春一共报名参加了100米、200米和400米三项比赛，但因为他一路漂泊，也没有时间和地方进行系统训练，体能深受影响，竞技状态大打折扣。

在100米比赛中，刘长春奋力奔向终点，然而因为体力不支，并没有从小组出线。随后的200米比赛，刘长春仍未能晋级。最终，刘长春因体力问题，放弃了400米比赛。

刘长春虽然没有在奥运会上获得奖牌，但他已迈出坚实的第一步，让中国人第一次出现在奥运赛场上。他的爱国精神也鼓舞着一代又一代的中华体育健儿。

1936年柏林奥运会，中国第一次派出了一支运动队参加奥运会，参加了田径、游泳、举重、自行车、篮球、足球和拳击七个大项的比赛。这是中国篮球队和中国足球队第一次出现在奥运赛场上。但中国运动员又一次因为长途跋涉，再加上体育基础薄弱，包括刘长春在内的中国选手，依然没能获得好成绩，仅有一人通过了资格赛。

在八十多年前，中国体育在世界舞台上是差等生，但他们不逃避、不气馁，以刘长春为代表的中华健儿凭借自己的勇气和坚定的信念，最终登上奥运舞台，迈出了艰难而又朴实的第一步，无愧于是中国的英雄和楷模。

故事 2

看到差距方能迎头赶上

——新中国体育从 0 到 1 建设历程

参加奥运会回国后,荣高棠深感中国体育落后,要想发展中国体育、振兴国威,就需要一套有成效的办法。荣高棠思来想去,给毛泽东主席、周恩来总理写了一份报告,提了五条建议。

新中国第一次参加奥运会,看到了差距

1949 年 10 月 1 日,新中国成立。让中国健儿参加 1952 年赫尔辛基奥运会,是中华全国体育总会的重要任务。

1952 年 7 月 17 日,在芬兰首都赫尔辛基国际奥委会举行的第四十七届全会上,以 33 票对 20 票,通过了邀请中国运动员参

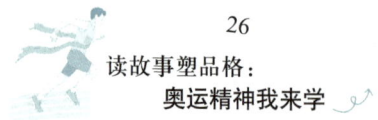

加该届奥运会的决议。这时，离7月19日奥运会开幕只剩两天时间。

当中华全国体育总会秘书长荣高棠接到国际奥委会发来的邀请函时，离奥运会开幕只剩几个小时了。荣高棠向周恩来总理请示，是否要参加奥运会，周总理批示："要去。"周总理告诉荣高棠，"在奥运会上升起五星红旗就是胜利"。

荣高棠接到批示后，立刻同中华全国体育总会副秘书长黄中组建新中国的第一个奥运会代表团，由荣高棠和黄中担任团长和副团长，队员有男子足球队、男子篮球队，以及游泳选手吴传玉。

由于出发较晚，有些队伍到了奥运会赛场也可能打不上比赛，周总理指示，足球队和篮球队到了赫尔辛基后，可以和芬兰当地的球队进行比赛，增加友谊。

中国体育代表团几经辗转，当赶到赫尔辛基时，奥运会已接近尾声。在奥运会上升起五星红旗后，中国运动员只有吴传玉完成了比赛，但由于路程遥远，吴传玉体能消耗巨大，他在男子100米仰泳比赛第一轮就被淘汰。

荣高棠发现，同样是第一次参加奥运会的苏联体育代表团，成绩却非常好，一块接一块拿金牌，最终排在金牌榜第二位。匈牙利则排在金牌榜第三位。

奥运会后，中国体育代表团受邀访问苏联。一下飞机，荣高棠被前来迎接苏联体育代表团的人们惊呆了，他感觉到，运动员拿了冠军、拿了名次，对民族、对国家、对人民的影响非常大。

五条建议推动中国体育发展

回国后，荣高棠深感中国体育落后，要想发展中国体育、振兴国威，就需要一套卓有成效的办法。荣高棠思来想去，给毛泽东主席、周恩来总理写了一份报告，提了五条建议。

荣高棠在报告中建议：要设立一个政府体育部门，专门负责新中国的体育发展；加强学校体育；召开全国运动会；修建体育场；学习苏联和匈牙利先进的体育训练经验。

中央采纳了这些建议。1952年11月8日，华东体育学院在上海成立，后改名为上海体育学院。这是中国第一所体育院校。此后，北京、武汉等地也相继成立体育院校。此外，非体育专业的学校，体育运动也蓬勃开展。

1952年11月15日，中央人民政府体育运动委员会成立，1954年改称为中华人民共和国体育运动委员会，1998年改组为国家体育总局。中央体委、国家体委及后来的国家体育总局，都致力于"发展体育运动，增强人民体质"，在普及群众体育的同时，大力发展竞技体育，大大提高了我国的运动技术水平，推动了我国体育事业的蓬勃发展。

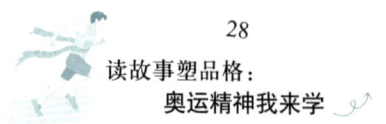

向国外老师学习先进的体育训练经验

中国体育也开始逐渐走出去，学习世界的先进经验。

1954年，中国足球队和中国游泳队先后前往体育强国匈牙利学习先进经验。

1954年4月，中国派出一支二十多人的足球队前往匈牙利学习。匈牙利安排了尽职尽责的教练约瑟夫进行指导，约瑟夫也成为中国足球队史上第一位国家队外籍主教练。

一开始中国足球队队员们的基础很差，连匈牙利手球队的女队员颠球都比中国足球队员好。约瑟夫因材施教，从基本功抓起，一点一点纠正中国球员踢球中的错误姿势。

有一次，中国球员考虑到出国留学非常难得，不能浪费时间，就利用休息日自己练球。约瑟夫知道以后非常生气地告诉大家："以后练球我必须在场，如果你们的动作是错误的，练得越多也就错得越多，时间长了动作定型就不好更改了。"

约瑟夫知道中国球员底子不够好，于是逐步邀请和中国球员水平相当的球队进行比赛，用来加强中国球员在比赛中的对抗能力。在约瑟夫带领下，中国足球队有了长足的进步，虽然不能脱胎换骨，一下子变成强队，但已经可以开始进行科学训练以及了解和贯彻新的足球理念了。

同样，中国游泳队到匈牙利学习后，也熟悉、掌握了新的游泳训练方法。二十岁的天津游泳选手穆祥雄通过系统训练，后来在欧洲多次获得100米蛙泳和200米蛙泳冠军。

起步虽然艰难，但毕竟迈出了第一步

从荣高棠1952年提出五条建议并被中央采纳、推广后，中国体育事业发展迅速，并很快取得了骄人成绩，捷报频传。

1956年，举重选手陈镜开在比赛中以133公斤的成绩打破美国运动员C.温奇保特的56公斤级挺举世界纪录。这是中国运动员创造的第一个世界纪录。

1957年，女子跳高选手郑凤荣在北京田径运动会上跳过1.77米的高度，成为中国第一个打破世界纪录的田径女运动员。

1959年，第一届全国运动会召开，全国各地的优秀运动员云集北京。这届运动会盛况空前，有一万多名运动员参赛，打破多项世界纪录。这些成绩，在旧中国是不可想象的。

这证明，认识到自己落后并弄清楚落后的原因，进而提出有效的解决办法，弥补自己的短处，是可以很快进步的。

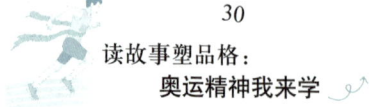
读故事塑品格：
奥运精神我来学

故事 3

中国奥运第一金终于来了

——许海峰获得 1984 年洛杉矶奥运会首金

人群中挤出一位老人，紧紧拥抱许海峰，他老泪纵横，对许海峰说："这枚金牌太珍贵了，我盼了三十多年啊。"

端枪的手冷得发抖，许海峰咬牙坚持

1984 年，奥运会又一次在美国洛杉矶举行。这是中国改革开放后参加的第一届夏季奥运会。

1984 年 7 月 29 日，洛杉矶奥运会正式比赛的第一天。在射击场上，男子手枪 60 发慢射比赛即将结束，奥运第一金也即将产生。所有人都焦急等待着。比赛还剩最后一枪，一位二十七岁的中国男选手已经胜利在望。只见他把枪举起了又放下,放下又举起……

这个有望夺冠的小伙子是谁,是什么来历,各国记者都不太清楚,连中国记者也只知道他叫许海峰。

1957年,许海峰出生于福建漳州。1972年,许海峰随父母回到安徽。他从小就喜欢射击,准头特别好。

1979年,在供销社卖化肥的许海峰听说县里要组织射击训练队,带队的老师正是自己中学的体育老师。他找到老师,要求参加集训。老师想起许海峰小时候射击的准头,就破例答应了。"老师您放心,我肯定不会给您丢脸。"许海峰说。

每天训练,许海峰都比别人来得早。他知道自己没受过专业训练,基础比别人差,因此更加勤奋训练。冬天里,持枪的手冷得发抖,但许海峰咬牙坚持着。

训练几个月之后,许海峰参加了安徽省第四届运动会,在他参加的两个射击项目里,获得了一个冠军和一个亚军。

如果是因为自己不努力被淘汰,那才叫遗憾

1982年12月,许海峰进入安徽省射击队,开始接受正规的射击训练。这时,许海峰已经二十五岁了,作为运动员,许海峰深知自己起步晚、底子薄,因此他必须比别人更努力、更认真,

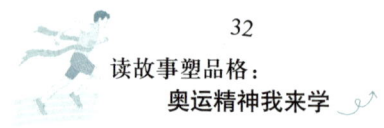

才能在比赛中取得好成绩。

1983年的全运会上,许海峰在射击比赛中,获得自选手枪慢射和气手枪两个项目的亚军,优异的成绩让许海峰进入中国奥运集训队。

进奥运集训队,也就意味着有机会参加洛杉矶奥运会。可这机会能轮到自己吗?许海峰有些犹豫,他的教练鼓励他,只要自己努力了,哪怕最后没选上也不会后悔的;如果自己思前想后顾虑太多,结果因为训练不投入而被淘汰,那才遗憾呢。

得到教练鼓励后,许海峰来到了集训队。集训队里一共有六名队员,许海峰是底子最差、排名最靠后的一个。但许海峰并不在意,他只想在更好的教练指导下提高自己的射击水平,至于能不能去奥运会,他并不在乎。

在教练指导下,许海峰刻苦钻研,白天在靶场练枪法,晚上看与射击比赛有关的书籍,无时无刻不学习射击知识。功夫不负有心人,经过系统训练,许海峰稳定性强的长处得到发展。在三场队里的选拔赛中,许海峰排在第二位,和队友王义夫一起获得了参加洛杉矶奥运会的资格。

从刘长春到许海峰,中国奥运夺金用了五十二年

洛杉矶奥运会的第一项比赛就是许海峰参加的男子自选手枪

60发慢射比赛，奥运第一金历来都会给运动员带来很大压力。许海峰并不在乎，他觉得自己是无名小卒，各国记者一定会关注那些种子选手，自己正好减轻压力。

当时的射击比赛，需要选手射中50米外直径5厘米的靶心，每个人进行6组射击，每组10发子弹，两个半小时打完，总成绩最好的人为冠军。

直径5厘米的靶心，在50米外看只有一个小黑点，想打中非常不容易。许海峰沉着冷静，第一组10发子弹获得97环，第二组10发子弹又一次获得97环。这是非常好的成绩，看到这一结果，许海峰的靶位后渐渐聚集起各国记者。但大家只能通过手册知道他叫"Xu Haifeng"，对他以往取得过哪些成绩并不了解。

但在这个时候，许海峰却"失踪"了，靶位上空空荡荡。原来许海峰在第三组射击中手感不好，打出了一个8环，他决定到体育场边上休息一下，什么都不想，就是放空自己，让全身放松。许海峰再次回到靶场的时候，已经毫无压力。

第三组93环，第四组93环，第五组95环。按照这样的水准打下去，许海峰夺冠的机会很大。由于许海峰出枪很慢，又出去休息了半个小时，这时射击场已经空了，只有他一个人还未完成比赛。他身后的记者越来越多。

许海峰举起手枪，10环、9环、9环、8环……7枪过后，

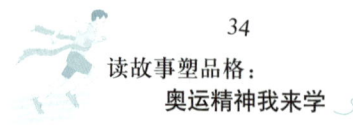

许海峰出现了两个8环。于是他又停下来,再次休息10分钟。10环、10环,剩最后一枪了,许海峰装上子弹,举起枪,瞄了一下又放下,然后再举枪,再放下……第六次,许海峰举起枪,果断射击,9环!

最终许海峰以566环的成绩,获得男子自选手枪60发慢射的金牌,这是中国奥运史上的第一金,队友王义夫获得铜牌。从1932年刘长春孤身一人参加洛杉矶奥运会,到1984年许海峰射落中国奥运第一金,中国健儿用了整整五十二年。

许海峰之后,中国体育蓬勃发展

人群中挤出一位老人,紧紧拥抱许海峰,他老泪纵横,对许海峰说:"这枚金牌太珍贵了,我盼了三十多年啊。"

这位老人是1952年中国体育代表团副团长黄中,他亲眼见证了中国体育从孱弱到崛起的全过程。

许海峰夺冠后,颁奖仪式却迟迟不能进行。原来奥运比赛前三名都可以登上领奖台,洛杉矶奥组委将会为每位运动员升起一面国旗。但他们没想到中国体育代表团能有两名选手同时登上领奖台,他们只准备了一面五星红旗。组委会紧急调用直升机,从100公里外的洛杉矶市区送来一面五星红旗,再用摩托车送入场内。

在颁奖仪式上，国际奥委会主席萨马兰奇亲自为许海峰颁奖，他十分激动地说："这是中国体育史上伟大的一天，也是中国人民伟大的一天。"

中国体育代表团在1984年美国洛杉矶奥运会上一共获得了15枚金牌，位列金牌榜第三位。

在此后的历次奥运会上，中国体育健儿顽强拼搏，展现了中国人的意志和品质。

2002年，中国选手杨扬在美国盐湖城冬奥会上获得两枚金牌，实现冰雪项目零的突破。

2008年，中国首都北京成功举办了第二十九届夏季奥运会，向世界展示了中华风采。中国选手表现出色，获得48枚金牌，位列金牌榜第一。

2022年，北京和张家口联合举办第二十四届冬季奥运会，北京成为世界上首个举办过夏季奥运会和冬季奥运会的城市，现代化的场馆蕴含科技的力量、环保的理念，向世界传递和平与友爱。北京冬奥会也呼吁全世界"一起向未来"。

我与奥运

没有人天生是强者，强大的实力靠信心、努力和正确的方法

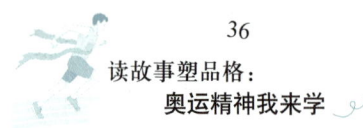

才能获得。中国体育一开始底子很薄,是无数人坚定信念,付出努力,才让它一步一步走向强盛。

读过这三个奥运故事,我们可以发现,要想取得进步、取得好成绩,首先要正视自己的能力,不躲避、不逃避;其次要有一个合适的学习计划;最后要刻苦学习,用坚定的决心和毅力来完成目标。这样,好成绩就离你不远了。

思 考

1. 你的成绩如何?对自己有信心吗?
2. 你有自己想追赶的目标吗?用什么样的计划去实现呢?
3. 你看了这三个奥运故事以后有什么想法?

第三章

永不放弃的女排精神

读故事塑品格：
奥运精神我来学

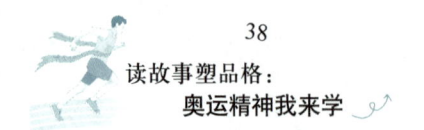

总是失败怎么办？我还要继续坚持吗？

经常有些同学在学习、生活或者其他事情上感到苦恼，觉得总是不顺，常遇到各种挫折。常常有同学很羡慕别人总是一帆风顺，但自己却总是失败。那么总是失败该怎么办？还要继续坚持吗？

遭遇失败是每个人成长过程中不可避免的事情，从小了说，一道题会做错，考试会不及格；长远一点看，也有不少人在升学考试中遇到困难。那该怎么办呢？

无论是体育赛场还是人生旅程，从来没有百战百胜的常胜将军，让人敬佩的是那些跌倒了能迅速爬起来、失败后能迅速找到原因继续前进的人。

从1981年到1986年，中国女排曾创造五连冠的辉煌，又在1984年、2004年和2016年三次登上奥运会最高领奖台，可谓风光无限。但她们真正令人感动的，是永不放弃的精神：只要球不落地，就一定要鼓足勇气想办法把它救起来。

故事 1

跌倒了就要迅速爬起来

——1984年洛杉矶奥运会中国女排夺冠记

在入场前,郎平看到电视屏幕上有美国女排教练与核心队员脖子上挂着奥运金牌的画面,这是美国当地一个电视台提前制作好的视频,准备比赛结束后就播放出去。郎平看了非常不服气,她对大家说:"我们要把挂在美国队脖子上的金牌摘下来。"

女排姑娘要力争升起五星红旗、奏响国歌

新中国成立后,中国需要振兴体育来凝聚民族力量。在中国乒乓球运动蓬勃发展后还有什么运动可以凝聚民族精神呢?周恩来总理经过考虑,把目标放在排球上。

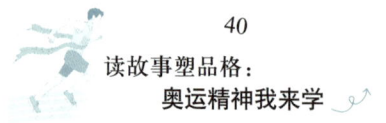

周总理这么考虑有几方面原因：首先，球类运动是集体项目，最能激发大家的协作精神；其次，足球和篮球都需要激烈的身体对抗，中国选手相对力量偏弱，难免会吃苦，排球是隔网运动，更适合中国人发展；最后，1964年日本女排获得东京奥运会冠军，正好可以借鉴经验。

周总理在百忙之中，于1964年11月首次邀请日本女排主教练大松博文访华，在中国进行排球指导工作。大松博文在中国指导了一批男排和女排运动员，传授排球训练和比赛的知识，这其中包括一个名叫袁伟民的男排选手。

十年之后，袁伟民担任中国女排教练，招收了一大批肯吃苦、有潜力、愿为国争光的女排选手。因为当时设施简陋，女排训练非常艰苦，每堂训练课下来，队员身上都会摔得青一块紫一块。由于地板不平，倒地救球时，常有木刺扎在手上、身上，钻心地疼。

1981年女排世界杯在日本举行，有八支队伍参赛。世界杯是女排非常重要的比赛，和世锦赛、奥运会并称为排球三大赛。其中世界杯采取单循环赛制，即每支球队都要和其他所有球队进行一次比赛，按照一定的积分规则进行名次排列，最终排名第一的球队夺冠。

1977年中国女排第一次参加世界杯时，很遗憾获得第四名，没能站上领奖台。1981年再战世界杯，中国女排全队上下憋着一股劲儿，要力争获得前三名，让五星红旗在赛场上升起来，更希望中国队能夺冠，让国歌在体育馆上空奏响。

输了这场球，即使夺冠了，也会遗憾一辈子

第一场比赛，中国队轻松战胜当时还不是强队的巴西女排，取得开门红。但紧接着，中国队要面对苏联队，在四十年前，苏联队与日本队是女排运动的强队。

第一局，中国队15比4获胜。第二局的关键时刻，中国队核心球员张蓉芳在扣球下落时，不小心踩在队友脚上，踝关节严重扭伤。但张蓉芳不愿因自己缺席而让队伍失利，她在经过队医简单处理后，坚决要求上场。

张蓉芳这一举动极大鼓舞了队友的士气，大家齐心挡住了对手凌厉的进攻，以16比14赢下第二局。第三局比赛，中国队更是以15比0的比分（当年排球比赛采取发球得分制，与现行规则不同）取得完胜，以总分3比0战胜夺冠路上的重要对手苏联队。

此后的几场比赛，中国女排敢打敢拼，先后以3比0的比分战胜了韩国队、保加利亚队和古巴队，夺冠路上只剩下美国和日本两支强队。倒数第二场比赛，中国女排顽强拼搏，与美国女排力战五局，以3比2的比分获得胜利。此时，由于中国队已取得

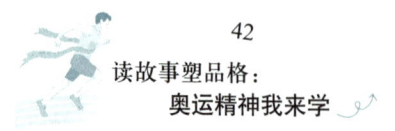
读故事塑品格：
奥运精神我来学

6 连胜，因此只要在最后一场比赛中赢日本女排两局，即使最终输了比赛也可以夺冠。胜利在望，中国女排队员非常兴奋。

1981 年 11 月 16 日，在日本大阪体育馆，中国女排与日本女排展开世界杯最后一场比赛。前两局，中国女排以 15 比 8 与 15 比 7 获胜，成功夺冠。女排姑娘们非常开心，后面两局以 12 比 15 与 7 比 15 的比分连丢两局，比分被扳成 2 比 2 平。

这时，袁伟民叫停了比赛，告诉女排姑娘们，如果这场比赛输了，即使夺冠了，大家也会遗憾一辈子，"输给对手，就不是真正的世界冠军"。

袁伟民的话点醒了大家，陈招娣腰伤发作，但仍坚持上场，忍住腰部的巨大疼痛，一次又一次把球救起。最终，中国女排以 17 比 15 取得胜利，以 3 比 2 的总比分力克日本队，七战全胜登上冠军领奖台。

陈招娣在赛后已经完全站不起来了，被人背着回到了居住地，在电视上看着大家领奖。

中国女排夺冠的消息传遍了中国每个角落，她们永不放弃的精神也鼓舞着每个中国人，女排精神广为流传。

奥运会还没开打，谁说我们就没机会了？

1982 年，中国女排登上了世锦赛冠军宝座，此后，中国女排进行更新换代，孙晋芳、曹慧英、陈招娣等一批老将退役，一批新的选手入队。

1983年，新老交替的中国女排在亚锦赛上输给了老对手日本队。在中国女排崛起以后，已经很少输给日本女排了，这次输球让中国队的姑娘们信心开始动摇：奥运会还能夺冠吗？

1983年冬天，中国女排开始在郴州女排基地冬训，备战1984年洛杉矶奥运会。袁伟民先后找了正、副队长张蓉芳和郎平谈心，帮她们解开心中的疙瘩，再由两位队长耐心地给大家做工作，让全队认识到，新老交替是体育比赛客观存在的现象，基础薄弱可以通过刻苦训练来改善。奥运会还没开打，怎么就知道自己不行呢？

1984年，第二十三届奥运会在美国洛杉矶开幕。参加女排比赛的有八支队伍，分为两个小组，每个小组四支队伍进行单循环比赛，小组前两名进入半决赛，半决赛由每个小组的第一名对阵另一个小组的第二名，赢者进入决赛争夺冠军。

前两场比赛，中国女排以3比0的相同比分先后战胜巴西队和联邦德国队（联邦德国与民主德国1990年合并为现在的德国）。小组赛最后一场比赛，中国女排对阵东道主美国女排，但以1比3失利，将与另外一个小组的第一名日本女排争夺决赛权。

输球并不可怕，关键是输球后如何调整。赛后，全队开会讨论比赛的得失，研究美国队的弱点，想办法如何战胜对手。袁伟民告诉大家，中国队每天琢磨美国队每个位置的关键球员，美国队同样也会琢磨中国队的打法和特点，因此一定要求变，让对手防不胜防。

讨论会后，张蓉芳和郎平并没有回自己的房间，而是一一敲开队友的房门，去安慰队友，帮她们及时走出困境。

找回勇气与夺冠同样重要

半决赛时，中国女排对阵日本女排，一场痛快淋漓的3比0，让姑娘们士气大振。日本教练赛后表示，真不敢相信这是之前1比3输给美国队的中国队，她们能在这么短的时间里走出失败的阴影，令他非常敬佩。

洛杉矶时间1984年8月7日，奥运会女排决赛开始，中国女排将与美国女排争夺冠军。

在入场前，郎平看到电视屏幕上有美国女排教练与核心队员脖子上挂着奥运金牌的画面，这是美国当地一个电视台提前制作好的视频，准备比赛结束后就播放出去。郎平看了非常不服气，她对大家说："我们要把挂在美国队脖子上的金牌摘下来。"

第一局，中国女排在14比9取得局点的时候，最后一分迟迟拿不下来，被对手追成14平。当中国女排再次获得发球权时，袁伟民找到侯玉珠,让她上场发球。侯玉珠第一个发球,美国选手以为会出底线,让了一下,结果球落在界内,15比14。第二个球,侯玉珠又发在美国两名球员中间,对方仓促接球,被郎平抓住机会一锤定音。16比14,中国女排拿下第一局。

第二局比赛,中国女排以15比3赢得非常顺利。第三局,中国女排越战越勇,来到14比9的赛点。最后一个球,女排队长张蓉芳接到队友传球后,跳起大力斜线扣杀,球虽然被美国球员救起,却远远飞向后场,几名美国球员拼命追赶,但最终没能追上,只能眼看着排球落地。15比9,中国女排以3比0的总比分战胜美国女排,第一次获得奥运冠军。

在洛杉矶奥运会上,中国女排能在输球后迅速找到原因,不气馁、不焦躁,重新凝聚起来战胜对手,这个精神与夺冠同样重要。

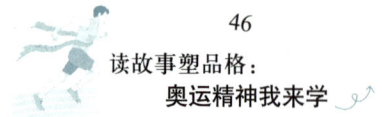

读故事塑品格：
奥运精神我来学

故事 2

实现不能完成的大逆转

——雅典奥运会决赛中国女排3比2惊天逆转战胜俄罗斯队

雅典奥运会女排决赛上，中国队以0比2落后俄罗斯队，已经被逼入绝境，反超对手夺冠，成为看似不可能完成的任务。队长冯坤依旧非常有信心地鼓励大家，坚信只要比赛不结束，一切都会有机会。

组队第一年，一批新球员迅速成长

2000年悉尼奥运会，女排比赛规则发生重大变化，由每局15分制改成25分制，从发球得分制变成每球得分制。

在以往的比赛中，当一支球队获得一个球的胜利时，要看她们打这个球时是否拥有发球权，有发球权的话得一分并继续发球，没有发球权的话不计分，但获得发球权。规则改变之后，每个球都会被计分，不用再看是否拥有发球权。

这个规则对女排运动的影响非常大，选材、打法都需要有相应改变。但2000年悉尼奥运会时，中国女排准备不足，以小组第四出线后，在四分之一决赛中被俄罗斯队淘汰，无缘四强。

悉尼奥运会后，中国女排总结经验教训，痛定思痛，准备进行"大换血"。在这个背景下，曾先后担任中国女排陪练、助理教练的陈忠和走马上任，担任女排主帅。

陈忠和上任后，招募了一批敢打敢拼的年轻选手，冯坤、周苏红、赵蕊蕊、杨昊、刘亚男等一批选手很快成长为主力球员。

2001年6月，新的中国女排在江苏太仓举行的四国赛上亮相。虽然女排队员们动作仍有些稚嫩，传球、扣球还显得经验不足，但是敢打敢拼的精神，让广大球迷眼前一亮。

2001年11月，中国女排参加了在日本举行的大冠军杯，这是由各大洲冠军参加的赛事。在比赛中，中国女排五战全胜，获得冠军。尤其让人眼前一亮的是二传冯坤，她在比赛中的出色发挥，让球迷们看到中国女排未来的希望。

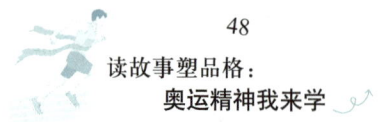

世锦赛失利后,冯坤帮大家走出低谷

2002年女排世锦赛,是这一届中国女排面临的第一个世界大赛。中国姑娘们都信心满满,要力争世锦赛冠军。然而在半决赛中,中国女排以1比3输给了发挥上佳的意大利女排,在争夺铜牌时,中国女排又以相同的比分输给了老对手俄罗斯女排,最终无缘奖牌。面对这一成绩,很多女排姑娘都落了泪。

冯坤作为队长挺身而出,安慰大家,她告诉队友们,世锦赛只是试金石,现在发现问题还有时间去进行调整,"奥运会我们依然可以是胜利者"。

女排随后转战釜山亚运会,以五战五胜的成绩打入决赛,并在决赛中以3比1的比分再次战胜韩国队获得冠军。获得亚运会女排冠军让中国女排恢复了信心。

杨昊作为队中的主攻手,2002年下半年开始突然哑火,包括世锦赛在内的比赛,她扣球总是犹犹豫豫,被拦死之后就更胆怯,进攻能力明显下降。这是因为她太想打好了,反而无所适从,总怕打出去的球不是最佳位置,从而影响了状态。陈忠和看在眼里,他告诉杨昊,世界上没有一名主攻手没被拦死过球,哪怕是郎平、海曼、小路易斯这样的世界顶级主攻手,也经常被对手封死。解决问题的关键在于她们在逆境中不为所动,依旧稳定发挥,这才是世界级主攻手该做的事情。陈忠和指导杨昊,告诉她要耐心寻找对手破绽，摆平自己的位置，这样才能成功。

听了陈忠和的劝解，杨昊大哭了一场，哭过之后她如释重负。2003年比赛，那个敢打敢拼的杨昊又回来了，她在四国精英赛上获得最佳发球奖和最受欢迎球员奖，在比赛中连发22个球，这意味着中国队连得22分，这在世界排球比赛中非常少见。

夺回阔别17年的世界冠军，赵蕊蕊却受伤了

2003年11月，中国女排出征世界杯。这是中国女排迎来收获的季节。经过陈忠和两年多的调教，冯坤、周苏红、赵蕊蕊等球员日趋成熟，在赛场上的掌控力也越来越强。

第一场比赛，中国女排以3比1战胜巴西女排，赵蕊蕊获得全场最佳。第二场，中国女排以3比0战胜古巴女排，冯坤获全场最佳……当第九场比赛，中国女排以3比2险胜美国女排后，大家都明白，冠军已经不远了。那场比赛，赵蕊蕊发挥得非常出色，是全队取胜的主要功臣。

最后一场对阵日本的比赛，刘亚男在赛点时接到冯坤妙传，她一记暴扣帮中国队锁定胜局。所有中国队球员一下子都跳起来，大家开心地拥抱在一起。十一场全胜成绩夺冠，中国女排获得了阔别十七年的世界冠军，上一次中国女排夺冠，还是五连冠时期的1986年女排世锦赛。

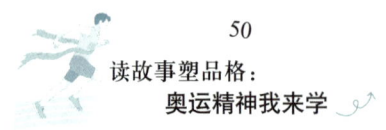

2004年年初的冬训，中国女排队员正在全力备战奥运会。这时，一个意外发生了，球队的主力副攻赵蕊蕊在一次训练中右小腿骨折，这时离雅典奥运会开幕只有不到五个月时间了。

面对可能错过的奥运会，赵蕊蕊非常着急，她希望医生们能给她一个确切的康复日期。接着赵蕊蕊又把希望寄托在陈忠和身上，她告诉陈忠和，只要能让她站到奥运赛场，让她付出多大努力都可以。术后不久，赵蕊蕊就投入到康复训练中。不能奔跑、起跳，赵蕊蕊就训练上肢和没受伤的左腿；不能扣球、拦网，她也要想办法找手感。每一天，赵蕊蕊都在记录自己的进步。

离奥运会开幕不到一个月，赵蕊蕊腿上缠着厚厚的护具出现在训练场。随后，赵蕊蕊在热身赛登场，表现出色，终于成为中国女排奥运阵容中的一员。

0 比 2，中国女排被俄罗斯队逼到了悬崖边

2004年雅典奥运会，中国女排与古巴、美国、俄罗斯等世界强队一个小组。中国队虽然在小组赛中2比3不敌三届奥运冠军古巴队，却接连战胜美国、俄罗斯等队，以小组第一的身份晋级四分之一决赛。

当中国队在小组赛最后一轮战胜俄罗斯队时，对手核心球员阿塔莫诺娃非常不服气，她表示这场比赛不是俄罗斯队的正常水

平。她认为中国队很有希望进决赛，俄罗斯队也会越打越好，"我们决赛时会再见面的，那时的俄罗斯队绝不是现在这个样子"。

随后的比赛，中国队与俄罗斯队均连胜两场进入决赛，两队真的在决赛中会面了。第一局比赛，双方比分交替上升，一直打到28平，随后俄罗斯连得两分，以30比28获胜。第二局比赛，俄罗斯又以27比25获胜。

女排比赛是五局三胜制，如果俄罗斯队再获得第三局胜利，中国女排就将与冠军失之交臂。第三局，两队打到12平，这时中国女排已站在悬崖边，没有退路可言。冯坤依旧非常有信心地鼓励大家，坚信只要比赛不结束，一切都会有机会。

中国女排随着张萍与刘亚男的快攻，取得了领先优势。此后俄罗斯队反而乱了阵脚，被中国女排趁势扳回一局。

第四局尾声，俄罗斯队取得了23比21的领先局面，只要再得两分，就将获胜，但中国女排处变不惊，稳扎稳打，连得4分，最终以25比23的比分获胜，把总比分扳成2比2平。

按照规则，第五局决胜局不是25分制，而是15分制。中国女排不骄不躁，率先取得14比12的冠军点，冯坤传出一个非常舒服的球，张越红一记威力十足的扣球，帮中国女排取得胜利。

这是中国女排时隔二十年又一次获得奥运冠军，这场比赛虽然曾以0比2落后，但中国女排姑娘们实现了惊天逆转。

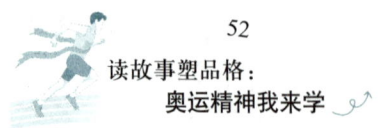
读故事塑品格：
奥运精神我来学

故事 3

强中更有强中手

——里约奥运会中国女排绝地反击战胜东道主巴西队

小组赛接连输球，中国女排全队上下士气非常低迷。很多第一次征战奥运会的球员都想不通，奥运之路为什么会走得这么艰苦呢？球迷们也很失望，四分之一决赛对阵巴西队，在很多人心目中，胜利的可能性微乎其微。

女排低迷时刻，郎平肩负振兴重任

伦敦奥运会，中国女排战绩不佳，在四分之一决赛中 2 比 3 不敌日本女排，无缘半决赛。那届奥运会，巴西女排如日中天，蝉联了奥运冠军。

2013年，中国女排要聘请新一任主教练。中国女排在上一个奥运周期三次换帅、陷入低迷，球迷们呼吁中国女排的功勋球员、1996年亚特兰大奥运会曾执教中国女排打入决赛的郎平二度出山，再次指导中国女排。

郎平犹豫了，她身体状况不是太好，指导中国队难度太大。正当她在犹豫的时候，老队友陈招娣因病过世，当年五连冠时期的队友纷纷前来送别，同时把振兴中国女排的期望寄托在郎平身上。郎平受到感召，毅然决定竞聘中国女排主帅，期待能再次带领中国女排走向辉煌。

如何组建新的国家队，郎平动了很多心思，在保留上一届奥运会部分阵容的同时，招入了大器晚成的副攻颜妮、世青赛崭露头角的朱婷等选手，并让年轻的惠若琪担任队长。

2013年世界女排大奖赛，是新一届中国女排第一次正式比赛。三站分站赛，中国女排获得九连胜，进军总决赛。总决赛上，中国女排战胜美国、日本等强队，但输给了两届奥运冠军巴西女排，取得了第二名。

然而，世界女排大奖赛只是一个商业性赛事，不能完全反映一支国家队的实力。到了2013年女排亚锦赛，中国女排遇到了困难，在半决赛和铜牌争夺战中先后输给泰国队和韩国队，仅排

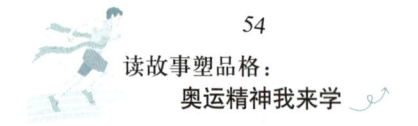

名第四。

在世界大赛上不行，在亚洲比赛也不行，这个成绩让球迷们非常失望，让郎平"下课"的声音不断出现。

女排重建后，接连获得世锦赛亚军和世界杯冠军

如果郎平此时引咎辞职，那就不是郎平了。重任在肩，郎平绝不会因为遇到困难选择逃避。

郎平开始艰难的重建工作，组建了"大国家队"，每个位置上有能力的球员都会招入国家队来试训。十九岁的张常宁和十八岁的袁心玥都破格进入国家队。郎平觉得自由人位置上缺乏人才，干脆招入七名球员入队训练。扩大队伍人选，这也意味着郎平要付出格外多的心血，白天要投入训练，晚上还要熬夜看资料、写方案。

郎平的努力也感召着女排姑娘们。在 2014 年瑞士女排精英赛上，二传丁霞为了救球，飞奔出场外，一下子撞到了广告挡板上。后来她的家人提到这件事都心疼不已，丁霞却说，只要球不落地，就一定要想办法救起来，怎么能放弃呢？

2014 年世锦赛，是郎平指导的中国女排第一次登上世界三大赛舞台。中国队以不俗的战绩进入六强，与巴西队和多米尼加队一组，前两名可以晋级半决赛。中国队第一场输给了"克星"

巴西队，第二场对阵多米尼加队，是非胜不可的比赛。

作为中北美及加勒比海地区的代表性球队，多米尼加队与中国队本不在一个水平线上。但那场比赛，多米尼加队打疯了，一上来就胜两局，以总比分 2 比 0 领先。中国女排又到了退无可退的悬崖边。

第三局，中国女排以 24 比 23 获得局点，关键时刻徐云丽与惠若琪双人拦网，拦死了对方的强攻，在落地时，徐云丽脚踩在对方伸过来的脚上，当即崴伤脚痛苦倒地，眼泪哗哗流下来。躺在担架上，徐云丽还不忘关心中国队是否赢了刚才那一局。

在医院里，徐云丽隔几分钟就让人打电话到比赛现场了解战况，当她听说中国女排以总比分 3 比 2 逆转成功时，不顾伤痛，激动得欢呼起来。

半决赛前，有伤在身的徐云丽全力帮助将顶替自己上场的袁心玥。袁心玥当时还不满十八周岁，大赛经验欠缺，徐云丽耐心给她讲场上的局势变化，以及遇到问题该如何去处理。

在全队尤其是徐云丽的耐心帮助下，袁心玥在中国女排对阵意大利女排的比赛中发挥出色，最终中国队以总比分 3 比 1 战胜对手进入决赛。

虽然中国女排最终没能获得冠军，但拿到亚军让全队乃至全国球迷看到了希望。

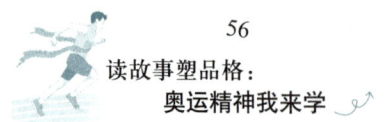

2015年女排世界杯，中国队以10胜1负的成绩夺冠，时隔十一年重新登上冠军宝座。

女排的下一个目标，当然是奥运会冠军，这是每个运动员梦寐以求的目标。

在小组赛连败的情况下，重整士气击败巴西队

2016年年初的冬训，郎平带女排队员全力准备里约奥运会，备战工作的重中之重，当然就是如何战胜巴西队。

这有三个原因。首先，巴西队是2008年和2012年两届奥运会冠军，是当时实力最强的球队之一；其次，巴西队是东道主，拥有天时地利人和的便利，想在对方主场取胜难上加难；再次，从2008年到2015年，中国女排对巴西女排十八连败。

虽然巴西队很难战胜，但郎平认为，既然想要夺冠，就要想办法战胜每一个对手。好在巴西女排和中国女排分列在不同小组，很多球迷乐观估计，两队很可能要到决赛才能碰面。

然而，中国女排在里约奥运会小组赛中的表现不佳，第一场不敌欧洲新贵荷兰队，虽然第二场和第三场均获胜，可在第四场不敌拥有世界第一接应博斯科维奇的塞尔维亚队。更让人难过的是，由于荷兰在第五轮比赛中以3比2战胜塞尔维亚队，中国女排在第五场对阵美国队之前已得知，无论是否战胜美国队都将以

小组第四身份出线，这就意味着淘汰赛第一场就要打巴西队。

小组赛接连输球，中国女排全队上下士气非常低迷。很多第一次征战奥运会的球员都想不通，奥运之路为什么会走得这么艰苦呢？球迷们也很失望，四分之一决赛对阵巴西队，在很多人心目中，胜利的可能性微乎其微。

中国女排教练组当务之急是做通大家的思想工作，让队伍重新凝结力量。郎平挨个鼓励球员，激发她们的斗志。女排姑娘们也积极主动，惠若琪、徐云丽、魏秋月三个有奥运征战经验的队员，分别召集住在同一个套间的队友进行商讨，连夜研究问题，商讨应对办法。当天光微亮时，这支中国女排已重新拧成一股绳，焕发了斗志。

里约热内卢时间 2016 年 8 月 16 日晚，中国女排对阵巴西女排。在巴西球迷震耳欲聋的助威声中，巴西女排以 25 比 15 先拿下一局。郎平却不动声色，幽默地告诉队员，让他们去喊，反正我们也听不懂，就当是为我们加油了。

在队员们的努力下，也在郎平准备充分、指挥有利的情况下，中国女排居然连扳两局，全队上下看到了曙光。虽然第四局巴西队扳回一局，但在决胜局巴西队已无力回天。中国女排成功战胜了老对手巴西队进入四强，赛后很多人激动落泪，比最终获得冠军还高兴。

战胜巴西队后,中国女排士气大振,在半决赛和决赛中接连战胜荷兰队与塞尔维亚队最终夺冠,让五星红旗升在了赛场最高空。

我与奥运

在中国女排的奋斗历程中,经历过的失败和波折要比胜利更多。女排五连冠后曾遭遇十七年的低谷,里约奥运会夺冠前中国女排对战巴西女排曾十八连败。

但难能可贵的是,她们一次次从困境中走出,这是最值得我们学习的事情。

这在我们日常生活中也一样,如果同学们能在学习和考试中全力以赴,尽自己最大的努力,无论结果如何,自己都问心无愧。这个想法,你同意吗?

思 考

1. 你平时有没有遇到过什么波折呢?
2. 你遇到困难时是如何做的呢?
3. 中国女排的故事给你带来什么启迪?

第四章

乒乓球队的绝活儿如何练就？

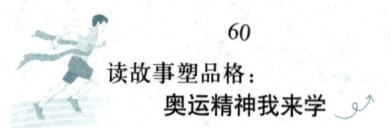

我感觉自己很普通，怎么才能脱颖而出？

中国乒乓球队在1959年第一次获得世界冠军后，一直是世界乒坛的一支劲旅。乒乓球运动因为在中国有广泛的群众基础，被称为国球。

乒乓球1988年成为奥运会比赛项目，迄今已经有三十多年历史，中国乒乓球队在奥运会上多次创造辉煌，涌现了多位世界级名将和奥运冠军。

同学们知道吗？在这些奥运冠军的成长过程中，他们也常常被人看低，甚至差点儿失去继续打球的机会。他们是如何拼搏的呢？他们是如何在这个高水平的团队中脱颖而出的呢？

故事 1

小个子的秘密武器

——奥运冠军王涛成长记

王涛是二十世纪九十年代叱咤风云的乒乓球名将，1992年巴塞罗那奥运会，他和队友吕林搭档，获得乒乓球男子双打冠军。在世乒赛上，他代表中国多次获得乒乓球男子团体冠军。但刚开始学球时，他却因为个子太矮，几次被拒之门外。

从小听父亲讲关于拼搏的故事，王涛立下当世界冠军的愿望

1967年，王涛出生在北京。因为父亲和哥哥都是文艺工作者，所以王涛从小就开始学习拉小提琴。

但王涛对拉小提琴却提不起兴趣，他后来开玩笑说，那是因

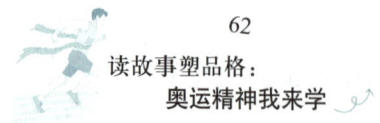

为他手指头太短，不适合拉小提琴。

看着生性好动的王涛在琴架面前扭来扭去待不住，父亲觉得，既然这样，不如去试试练练体育锻炼身体。当时乒乓球在国内非常普及，因此王涛被父亲带到了乒乓球台跟前。一拿起乒乓球拍，王涛就爱不释手，很快展现了自己的运动天赋，学了没多久，就"打遍全家无敌手"。

王涛在学打乒乓球的同时，还特别喜欢听父亲讲过去的故事，当听到那些乒乓球运动员为获世界冠军拼搏的故事，王涛内心深受感动，也萌生了长大要当世界冠军的梦想。

王涛九岁时，进入了北京什刹海体校，这是北京培养体育人才的摇篮，很多世界名将都在这里成长。在体校里，王涛开始进行系统的乒乓球训练。

然而，当王涛逐渐打出点名堂，想要继续深造发展的时候，却遇到了问题：因为他个子矮，不少人认为他没有发展前途，因此把他拒之门外。

离家三千多公里，为实现打球的愿望

由于平时用功，再加上对乒乓球的悟性很高，王涛打起球来一板一眼，很多专业队教练都很喜欢他，认为他的球感很好，但又纷纷摇头，因为他个子确实不够高。

王涛的父亲辗转打听到，新疆的一支球队可以收留王涛，但那里离家实在太远了，有三千多公里。王涛听到这个消息，毅然决定，为了继续打球，愿意远离家乡去苦练。临走时，王涛对家里人说："我一定会打回来的。"想当世界冠军就一定要进国家队，打回来，也就意味着王涛立下早日进入国家队的目标和成为世界冠军的梦想。

新疆天寒地冻，小王涛吃了不少苦。由于年龄小、个子矮，王涛一度跟随女队训练，但他毫不在意，刻苦打磨基本功。王涛觉得，只要给自己机会继续打球，就一定要打出个样儿来。1983年，十六岁的王涛参加全国青少年乒乓球锦标赛，一举获得男子单打季军，被调入八一队回到北京。

八一队当时人才辈出，王涛凭借一手绝活儿站稳了脚跟。别看王涛个子矮，但爆发力好，攻击力强，尤其是他心理素质过硬，越是大赛越能担当起重任。每当球队比赛遇到难啃的"硬骨头"，都是王涛冲上去打头阵。

1987年，王涛在第六届全运会上，一举获得乒乓球男子单打和乒乓球男子团体两枚金牌，让人刮目相看。

1988年，王涛被调入国家队，开始在世界舞台上崭露头角。1991年，王涛与刘伟合作，获得在日本千叶举行的第四十一届世乒赛混合双打金牌，这是他获得的第一个世界冠军。

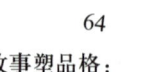

在男子双打比赛中，王涛搭档队友吕林，在决赛中输给瑞典选手卡尔松/冯舍，这让他非常不服气，决心要在巴塞罗那奥运会男双比赛中夺冠。

战胜德国金牌组合，王涛与队友夺得奥运冠军

1992年巴塞罗那奥运会，王涛与吕林合作，出征男双比赛。当另一对中国选手止步八强以后，夺冠重任就压在了王涛、吕林身上。

在半决赛，王涛/吕林战胜了韩国名将金泽洙/刘南奎，闯入决赛，将迎战1989年世乒赛男双冠军、德国选手罗斯科普夫/费茨纳尔。

8月4日，男双决赛将在中午11点开始。按照计划，奥运班车将在9点35分从奥运村开出，驶往比赛场地。可王涛、吕林与教练在车站左等右等，班车就是不来。三人心急如焚，于是跑出奥运村，打车前往赛场。等他们满头大汗赶到比赛场地时，离决赛的开赛时间只剩不到半个小时。

王涛、吕林来不及热身，匆匆换好球衣上场。第一局比赛，中国选手一直处于下风，一直打到15比20（当时的比赛是五局三胜制，每局21个球）。15比20，也就意味着，王涛/吕林只要再丢一个球，第一局就将失利。

说起来，王涛、吕林两个人能够搭档，是他俩的特点正好互补：王涛猛，进攻起来虎虎生风；吕林稳，防守起来滴水不漏，他俩配合得天衣无缝。这时正好是王涛的发球轮（当时的比赛规则是每个人轮流发 5 个球，20 比 20 平后每人轮流发 1 个球），王涛利用快速多变的风格，放开了打，连赢 5 球，居然把比分追到了 20 比 20 平。

1992 年奥运会在巴塞罗那举行，这是西班牙一个著名的海滨城市。这里离德国并不远，因此有大量德国球迷赶到赛场为自己的同胞罗斯科普夫/费茨纳尔助威。

此时，为对手加油的掌声、喊声、歌声震耳欲聋。王涛与吕林充耳不闻，咬住比分，一直打到 24 比 24 平，然后利用对手两次失误，以 26 比 24 赢下第一局。

前四局，双方最终打成 2 比 2 平。在第 5 局决胜局，王涛、吕林在对手先声夺人的情况下，打得不骄不躁，稳稳地咬住比分，并利用多变的风格等待对手失误。9 比 9 平后，王涛/吕林越战越勇，而对手却逐渐失去章法，最终，王涛/吕林以 21 比 14 取得决胜局胜利，赢得奥运会乒乓球男双冠军。

夺冠之后，王涛和吕林紧紧拥抱在一起，眼泪夺眶而出，长久以来为了夺冠而积攒下来的压力，也瞬间无影无踪。

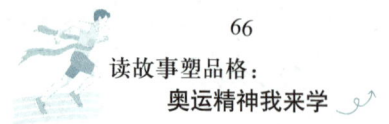

读故事塑品格：
奥运精神我来学

故事 2

新打法让"世界第一"蒙了

——刘国梁直拍横打的来历

1992年，十六岁的刘国梁在比赛中使出了"秘密武器"——直拍横打，这一新绝活儿让一大批世界名将都晕头转向，包括"世界第一"瓦尔德内尔在内，都纷纷败在刘国梁拍下。

十二岁就破格进入国家青年队

要说当今世界乒乓球男子单打哪个国家的选手最强，那毫无疑问是中国选手。从2008年开始，无论奥运会还是世乒赛，男单冠军中国队从来没有丢过，王励勤、马琳、王皓、张继科、马龙、樊振东相继成为乒乓球男单世界冠军。那三十年前呢？1990年前后，瑞典乒乓球男队一度成为"世界霸主"，核心球员瓦尔德内尔几乎无人能敌，中国队也吃尽了苦头。

那时，中国队赖以成名的直拍打法已经走到尽头，急需技术改变，为此教练们也动足了脑筋，这时，一个叫刘国梁的球员进入他们的视线。

1976年，刘国梁出生于河南新乡，父亲刘占胜是乒乓球教练。刘国梁和哥哥刘国栋在父亲带领下，从小开始学打乒乓球。

为了鼓励哥俩好好练球，刘占胜想了不少办法，比如每天哥俩要进行比赛，赢了可以得到小奖品。当时的奖品主要是五花八门的零食，从水果罐头到小香肠，应有尽有。

和天下所有孩子一样，看到奖品，刘国梁动力十足，为了吃到可口的水果罐头，刘国梁铆足了劲儿和刘国栋进行比试，这也练就了日后他每逢大赛都劲头十足的本事。

1986年，十岁的刘国梁进入八一队。1988年，十二岁的刘国梁进入国家青年队。

新技术出手威力十足，瓦尔德内尔也败下阵来

从1988年开始，是中国乒乓球的低谷。在1987年印度新德里举行的第三十九届世乒赛上，江嘉良战胜瑞典名将瓦尔德内尔获得男单冠军，并率队获得乒乓球男团冠军。

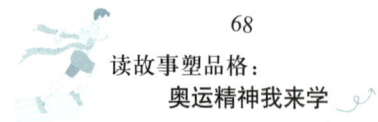

读故事塑品格：
奥运精神我来学

但此后，中国乒乓球男队成绩出现大幅度滑坡。1988年，乒乓球进入奥运会比赛项目，男单冠军最终被东道主选手刘南奎获得。在世乒赛上，中国队在男团和男单比赛中屡屡失手，大家对瑞典选手瓦尔德内尔几乎没有办法。

中国乒乓球队的教练们一致认为，中国标志性的直拍打法已经走到尽头，需要更换打法。因此国家队很多球员都被要求改练横拍打法，刘国梁也以为自己会更改，但最终发现，只有他和另外一名选手还在用直拍打法。

刘国梁大惑不解，找到教练尹霄询问，为何别人都改了打法，只有自己还不改？

教练告诉刘国梁，每个人的特点不一样，要根据其自身的特点打造战术，这样才更有威力。刘国梁不适合改成横拍，但这也不意味着不改，因为直拍打法已经看不到出路。教练在刘国梁球拍背后粘了一块反胶，让他练直拍横打的新技术。

刘国梁一开始练得非常难受，因为粘了一块反胶后，球拍的力量、打法都变了，他非常不适应。而且，刘国梁的成绩也开始不稳定，于是他便偷偷把反胶撕掉了，这样成绩果然有所提升。

教练发现了刘国梁的小动作，告诉他，想短时间成绩有所提高很容易，但要想拿世界冠军，不改打法是不行的。刘国梁听从了教练的意见，开始苦练直拍横打的技术。

1992年巴塞罗那奥运会前，中国乒乓球公开赛在成都举行，这是奥运会前的一次重要热身，很多世界顶级选手都来参赛。刘国梁和队友组成中国二队参加团体比赛。中国二队都是年轻选手，本意就是练兵，让年轻人见见世面。但没想到刘国梁的新技术威力十足，瓦尔德内尔、金泽洙、李根相等世界名将根本没见过这种打法，纷纷败下阵来。

瓦尔德内尔居然被一个十六岁的孩子击败，大家对刘国梁开始刮目相看。

亚特兰大奥运会夺得男单、男双两块金牌

1993年和1995年世乒赛，刘国梁都作为中国队的主力选手参赛，先后为中国男团获得一银一金。

1995年世乒赛的男单比赛，刘国梁一路打到决赛，与好友孔令辉"会师"，最终获得亚军。

1996年亚特兰大奥运会，刘国梁在男双和男单比赛中双线出击。由于孔令辉及王涛都是当时的夺冠热门，因此刘国梁反而感到轻松，他给自己定的目标是男双夺冠，男单只要全力发挥就可以。

在男双比赛中，刘国梁和孔令辉搭档，一路打入决赛，与王涛/吕林争夺冠军。最终，刘国梁/孔令辉以3比1的比分击败师兄，获得冠军。

在单打比赛中，刘国梁按照签表将遭遇瓦尔德内尔，他也做好了苦战的准备。但不曾想，瓦尔德内尔却输给了加拿大队的中国前选手黄文冠。刘国梁不敢大意，全力准备比赛，他深知黄文冠了解中国队的训练方法，是个厉害的对手。刘国梁在精心准备下，最终战胜黄文冠晋级。

进入半决赛后，刘国梁的对手是德国选手罗斯科普夫。罗斯科普夫一旦打顺手，什么样的球都能接起来，是个非常难对付的角色。在比赛中，刘国梁动足了脑子，采取变化多端的战术，打得罗斯科普夫摸不着头脑，最终，刘国梁以3比1战胜了罗斯科普夫进入决赛。

但由于在比赛中拼得太猛，刘国梁弄伤了左脚，疼得几乎不能着地。第二天就是男单决赛了，对手是大师兄王涛。刘国梁放平心态，一分一分去打，最终以3比2的总比分战胜王涛夺冠，获得了自己的第二块奥运金牌。

1999年刘国梁获得世乒赛男单冠军，成为中国第一个获得过奥运会、世锦赛、世界杯乒乓球男单冠军的选手，实现大满贯，也是世界上继瓦尔德内尔之后第二个实现这一成就的乒乓球球员。

故事 3

拼命三郎笑傲北京赛场

——奥运三金得主马琳成长记

2000年之后,国际乒联进行了一系列眼花缭乱的改革,这让很多球员都不适应。马琳对此也很苦恼,他甚至做梦都梦到规则又变了,但他深知,谁最先适应规则、掌握规则,谁就能笑到最后。

马琳刻苦训练,一周练坏一双运动鞋

1980年,马琳出生在辽宁沈阳,六岁的时候被选入区少年体校开始乒乓球训练。马琳从小就显得特别有灵气,眼睛有神,这点深深打动了教练。

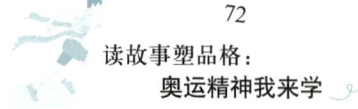

1990年，马琳进入了辽宁省体校，1993年，他前往广东省汕头市乒乓球学校学习。汕头学校的训练量非常大，每天至少七个小时，比其他地方要多出两三个小时。但马琳还要主动加练，他想在广东省运动会和全国青少年锦标赛上夺冠，就要比别人练得更辛苦。

马琳除了苦练发球，还要苦练多回合球，这需要跑动范围非常大，带来的后果则是他一周要练坏一双运动鞋。

功夫不负有心人，1994年，马琳在广东省运动会上，为汕头队拿下乒乓球单打、双打和团体赛三枚金牌。随后，马琳在全国青少年锦标赛中获得男单冠军。他这一成绩也被国家队教练看在眼里，十四岁的马琳因此被调入国家队。

刚进国家队的时候，马琳心理落差有点儿大，从广东省的尖子生到国家队的差生，他有点儿难过。但马琳没有因此产生懈怠情绪，反而更加苦练基本功，一步一步成长为队中主力球员。

1996年，马琳在亚洲杯上获得男单冠军。1997年，马琳第一次登上世乒赛舞台，获得男双第五名。1999年，马琳在世乒赛男单比赛中仅次于刘国梁获得亚军，并和张莹莹合作获得混双冠军。

2000年悉尼奥运会，马琳没能入选，他非常伤心。但很快马琳就走出阴影，在世界杯比赛中战胜韩国选手金泽洙，获得金牌，这是马琳的第一个男单世界冠军。

与陈玘合作获雅典奥运会男双冠军

1999年，加拿大人沙拉拉当选国际乒联主席，在他任上，乒乓球开始大幅度改革。

2000年奥运会之后，乒乓球直径由38毫米增加到40毫米，颜色则由以白色为主变为以橙色为主。这样的改变给运动员的训练带来了天翻地覆的变化，球变重了，速度和旋转都变慢了。以往一拍就能打死的球，改成大球后往往要打好多拍。这样的改变，虽然更适合于观众观赏，但对于运动员来说，进行大调整是个非常痛苦的过程。

马琳早早熟悉了大球，他对新战术理解得非常快速。马琳既聪明又勤奋，很快就练就了自己的绝活儿。

2001年9月，新的变化又来了，比赛从21分制变成11分制，从五局三胜制变为七局四胜制。这样的话，比赛赛程变得非常紧凑，偶然性也大大增强。马琳为此又对自己的战术进行了调整。

上天偏爱有特点、肯吃苦的人，2001年和2004年两届世乒赛，马琳帮助中国男子乒乓球队实现了男团两连冠。从2001年开始，中国男子乒乓球队一直稳坐世乒赛男团冠军的宝座。

2004年，马琳和陈玘合作，在男双比赛中保持不败。4月

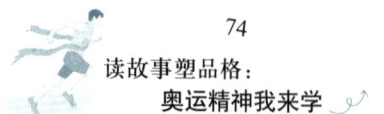

11日，球队进行队内选拔，决定雅典奥运会男双参赛人选。马琳/陈玘以4比2战胜悉尼奥运会男双冠军王励勤/闫森，获得奥运会参赛资格。由于在世界大赛上成绩出众，马琳同时获得男单比赛的参赛资格。

但在雅典奥运会男子乒乓球比赛中，中国队的开局并不妙，马琳在男单比赛中不敌瓦尔德内尔，早早出局。而在男双比赛中，孔令辉/王皓首轮出局，马琳/陈玘陷入孤军奋战的境地。

但马琳发球有绝活，陈玘也有过人长处，两人配合非常顺利，一路杀入决赛，最终战胜中国香港选手李静/高礼泽，获得奥运乒乓球男双冠军。

拿到自己第一个奥运冠军后，马琳下决心要在2008年北京奥运会上力争乒乓球男单金牌。

三强鼎立促进三人共同进步

想参加2008年北京奥运会，先要过国内关。当时中国队在男单项目上，马琳、王励勤和王皓形成三足鼎立局面，同时竞争奥运参赛资格。

这时国际乒联又进行改革，从2008年北京奥运会开始，乒乓球项目不再设立双打项目，而改设为男、女团体比赛，比赛由三个人参加。由于团体里有双打比赛，参加奥运会的选手不仅要参考单打成绩，还要参考双打成绩。

马琳、王皓与王励勤各有千秋。王励勤在 2005 年和 2007 年两届世乒赛上获得乒乓球男单冠军，均是战胜马琳夺冠。而马琳在 2000 年、2003 年、2004 年和 2006 年四次获得乒乓球世界杯冠军，其中 2006 年乒乓球世界杯，马琳在决赛中以 4 比 3 险胜王皓夺冠。

三个人在彼此竞争的同时也一起进步，在那段时间的世界大赛上，冠军基本被他们三个包揽。

最终，马琳、王励勤和王皓一同参加了北京奥运会，在乒乓球男团比赛中以总分 3 比 0 战胜德国队，获得奥运史上第一个乒乓球男团冠军。

男单比赛中，马琳与王励勤"会师"半决赛，王皓则与佩尔森争夺决赛权。最终，马琳以 4 比 2 战胜王励勤，与王皓"会师"决赛。决赛中，马琳以 4 比 1 战胜王皓，夺得乒乓球男单冠军。

从 1986 年学球以来，马琳用了二十二年时间，终于站到了乒乓球男单赛事的最高峰，成就了奥运三冠王。

我与奥运

在上面的几个小故事中，每位运动员都有自身的特长，这样

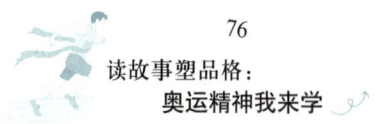

能更容易让他们脱颖而出。同学们也可以寻找自己的特长,加强自己的能力,让自己的生活变得更闪光。

只要有特长,没有一个孩子是普通的。同学们,你们善于在生活和学习中发现自己的特长并发扬它吗?

思考

1. 你觉得自己有哪些特长?这些特长对你有哪些影响?
2. 你身边有哪些朋友因为有特长而变得不再普通呢?

第五章

越是紧张越要冷静

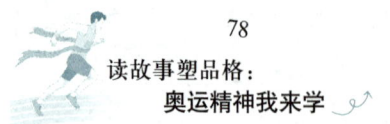

在考试前我总是很紧张，怎么办呢？

即使在准备充分的情况下，每个人遇到大事的时候也不免会紧张。即使看上去特别冷静的射击队员也是这样，但他们各自有消除压力的办法。

在运动场上，有些项目的运动员越有压力越兴奋，反而更能创造出好成绩。但射击运动员不可以，他们需要冷静，要在射击时把心态放平，否则把枪打到别人靶上都是有可能的。

别笑，这是一件真事。2004年雅典奥运会，一位名叫马修·埃蒙斯的美国选手，在男子步枪三姿决赛还剩最后一枪时已遥遥领先，如果这时他能正常发挥，冠军非他莫属。但这时他却紧张了，打到了别人的靶上。中国选手贾占波冷静发挥，最后拿到了冠军。

2021年，在东京奥运会上，杨倩在女子10米气步枪的项目上获得了奥运首金。她在比赛中也曾有过紧张的情绪，后来经过深呼吸，慢慢调整了过来。因夺冠时戴了一个黄色的发卡，杨倩把它看成一个幸运发卡，她在几天后的第二场比赛中也把这个发卡戴在了头上，帮助自己舒缓紧张情绪。

让我们一起看看，中国射击队还有哪些克服紧张的小窍门。

第五章　越是紧张越要冷静

故事 1

充满温情和鼓励的小卡片

——两届奥运会冠军杜丽在失利后如何走出阴影?

虽然是几句简单鼓励的话,但让杜丽鼓起了很大勇气,她觉得不能再让支持自己的人失望。杜丽痛哭了一场之后,彻底摆脱了压抑的情绪,重新开朗起来。

杜丽从小喜欢枪,初中时被选入射击队

每一届奥运会,射击队都要承担争夺首金的任务,因此每个参赛的运动员压力都很大,无论是中国选手还是外国选手,只是大家消除紧张情绪的方法各不相同。

2004 年,杜丽参加雅典奥运会女子 10 米气步枪的比赛,这

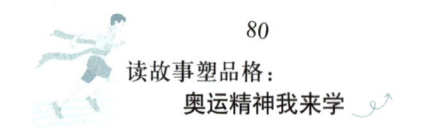

是奥运会首金争夺战。各种压力扑面而来，一向开朗的杜丽，可以面对任何玩笑话，但就是不能提"奥运""首金"这样的字眼。

杜丽1982年出生在山东省淄博市，从小喜欢枪。因为她的父亲是一名刑警，在队里是一个神枪手。杜丽也希望自己长大以后能够当警察。杜丽上初中的时候，射击队来招人，看中了杜丽有神的眼睛和特别沉稳的气质，就把她招入射击队。虽然当不上警察，但能摸到枪，杜丽非常开心。

进了射击队以后，杜丽每天放学后都要到射击队训练，周末也不能休息，要练上大半天。每天的训练既辛苦又枯燥，经常要端着枪一站就是半天，但杜丽却乐在其中。冬天非常寒冷，手上很容易长冻疮，杜丽的手又疼又痒，根本托不住枪。每天晚上，她母亲会给她烧一大盆艾蒿水，用来泡手缓解疼痛。

1997年，杜丽获得山东省一次比赛的冠军，此后她进入了山东射击队，进行更为专业的训练。2002年2月，杜丽又因优异的成绩入选了国家队。刚进国家队不久，她就显示了过人的实力，在世锦赛上获得了个人亚军和团体冠军，为中国射击队获得了一个雅典奥运会参赛资格。

奥运会参赛资格不等于个人的参赛权，这个资格，队里所有人都可以参与竞争。杜丽在此后两年表现出色，获得了雅典奥运会的参赛权。

第五章　越是紧张越要冷静

最后一枪冷静逆转，夺得雅典奥运会首金

为了确保大家能安心备战奥运会，2004年年初的冬训，射击队进行了封闭训练。杜丽也对自己提高要求，为了避免打扰，手机号都换了好几个。

杜丽之所以不愿意别人提奥运的事，并不是刻意逃避，而是一种给自己减压的方式。在训练之余，杜丽也偶尔会向队里请假，去逛一下街，放松放松心情，顺便给自己和母亲买一点儿东西。

杜丽是个比赛型选手，越到大赛发挥越好，但这并不意味着她没有压力。她有一个习惯，就是在比赛前不参加适应性训练，而是直接去参赛。为此，射击队在出发去雅典前，还特意开会讨论过，最终为了帮助杜丽缓解紧张情绪，批准了她的请求。

在雅典奥运会赛场，记者看到其他中国参赛队员都在进行最后训练，却唯独不见杜丽。对此，射击队总教练许海峰只是告诉他们，杜丽今天休息，不用来训练。

比赛的前一天晚上，杜丽睡得非常好，第二天早上精神抖擞地来到赛场。在预赛中，杜丽发挥出色，以398环的成绩进入决赛，只比第一名少一环。进入决赛的一共有八名选手，预赛的成绩将计入决赛，十枪过后，总环数最高的选手获得冠军。

俄罗斯人加尔金娜在预赛中打出399环，位列第一。但许海峰认为，这对杜丽来说也许是好事，因为谁的预赛成绩越好，也就意味着谁的压力越大、越紧张。

七枪过后，杜丽落后加尔金娜1.4环，但她毫不手软，连续打出两个10.8环（满分10.9环），这是非常棒的成绩，杜丽追上了1环，离加尔金娜还差0.4环。

最后一枪，杜丽冷静举起枪，扣动了扳机，10.6环！当杜丽回过头来，看到有人向她伸出大拇指时，她开心地笑了。原来加尔金娜在最后一枪因过于紧张，只打出9.7环。冷静的杜丽因此实现逆转，获得雅典奥运会女子10米气步枪冠军。

一张卡片让杜丽放松心情、鼓起勇气

四年后的北京奥运会，杜丽将参加女子10米气步枪和女子50米步枪三姿的比赛。

面对北京奥运会，杜丽感受到了和四年前完全不一样的压力。在雅典奥运会前，很少有人知道、认识杜丽。但到了北京奥运会，大家都知道她是上届奥运会冠军，因此把夺取首金的期望放在了杜丽身上。作为东道主选手，杜丽夺取冠军的责任感要比以往都重。

杜丽在女子10米气步枪的预赛中表现不错，399环，再次以第二名的成绩晋级决赛。但在决赛中，杜丽第一枪不是很理想，

十枪之后，杜丽以499.6环的成绩名列第五。赛后，杜丽哭着对大家说对不起，然后匆匆离去。

射击队总教练王义夫表示，13亿人的寄托，压在一个二十多岁的姑娘身上，可想而知她的压力有多大。

比完第一项之后，杜丽的压力依旧很大，她回到训练场，开始准备第二项比赛。但她的心情并没能舒缓下来，任何一句安慰的话，可能都会让她落泪。

有一天，杜丽训练结束后回到房间，她发现有一张卡片，上面是志愿者写给她的话。虽然是几句简单鼓励的话，但却让杜丽鼓起了很大勇气，她觉得不能再让支持自己的人失望。杜丽痛哭了一场之后，彻底摆脱了压抑的情绪，重新开朗起来。

8月14日，杜丽在女子50米三姿比赛预赛中表现出色，以589环的成绩位列第一。在决赛中，杜丽虽然第一枪略有瑕疵，但她越打越好，最后一枪是稳定发挥的10.5环，以无可争议的成绩打破奥运会纪录，获得北京奥运会女子50米三姿比赛冠军。

夺冠之后，杜丽举起双手，向支持她、鼓励她、祝贺她的人群致意，脸上露出了甜甜的笑容。

故事 2

易思玲的"催眠"食谱

——易思玲冲击伦敦奥运会首金

获得伦敦奥运会首金之后,易思玲兴奋地说:"我终于站在了舞台中央。"

学射击可以,一定要培养成世界冠军

2012年伦敦奥运会,女子10米气步枪冲击首金的重任,从杜丽的肩上传到了二十三岁的易思玲的肩上。

易思玲1989年出生于湖南省郴州市桂阳县,因为生日正逢二十四节气之一的立夏,因此她被父亲起名为易夏红,进国家队后,她改名为易思玲。

第五章 越是紧张越要冷静

一开始,易思玲练习长跑,参加了学校的田径队。但她父亲觉得长跑太辛苦了,于是易思玲又去学舞蹈。易思玲从小喜欢跳舞,民族舞、现代舞都学。可父亲告诉她,学舞蹈只能给别人伴舞,是到不了舞台中央的。这让易思玲很郁闷,几个晚上都睡不着。

2002年,郴州市体校的射击教练到学校选拔人才,教练让大家在桌子上摞子弹壳,这是在测试大家的身体稳定性。当大多数人只能摞3层的时候,易思玲一下子就摞到7层。

得知自己被选中并有希望去体校学习,易思玲很激动,一下子就哭了。回家以后,易思玲把这个消息告诉了父亲,父亲给教练打电话,表示可以让孩子去学射击,但一定要培养成世界冠军。

易思玲很快在湖南省的比赛中崭露头角,2003年8月,她在湖南省青少年射击比赛中获得两个项目的亚军。2004年,易思玲进入湖南省体校,开始正规的射击训练。

由于体校的学费较高,易思玲的父亲逐渐承担不起高昂的费用,易思玲面临辍学。

连续获得全运会和世锦赛冠军,易思玲成为国家队主力

有一天,易思玲从学校老师处听说,广东省珠海市体校正在招收射击方面的人才,如果能被接收不需要出什么费用。听到这个消息后,易思玲鼓起勇气,给体校射击教练打了电话,介绍自

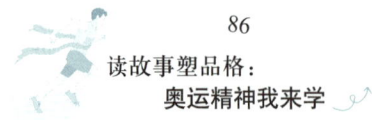

己的情况后，询问是否能去试训。

看到易思玲这么主动，射击教练觉得这孩子心态不错，适合练射击，就鼓励她南下广东试一试。易思玲在试训中表现非常出色，珠海市体校答应全免易思玲的训练费和食宿费。听到这个消息，易思玲的父亲很高兴，告诉女儿，要好好把握这个机会，千万别再犹豫了。

一个人南下广东，易思玲非常珍惜这样的学习机会，生性好强的她努力在每一次训练中都打出好成绩。有一次训练，易思玲打得不够理想，虽然教练并没有批评她，但她很自责。当大家都回去吃饭时，发现易思玲不见了。大伙找了一圈儿，最后在射击馆看到她，发现她一个人在偷偷哭。原来易思玲觉得自己没打好，又回去反省了。

易思玲非常懂事、刻苦，逐渐展露出自己在射击上的天赋。2007年，易思玲进入广东队。2008年年底，国家队为伦敦奥运会储备人才，易思玲被调入国家队，主攻女子10米气步枪，兼项50米步枪三姿，这和杜丽的项目完全一样。

在王义夫的妻子张秋萍教练的指导下，易思玲进步很快，在2009年第十一届全运会上，易思玲获得女子10米气步枪冠军和50米步枪三姿亚军。

在2010年德国射击世锦赛上，易思玲不仅获得10米气步枪冠军，还以 505.6 环的成绩打破该项世界纪录。

这时，杜丽因结婚生子，已淡出国家队。一直把杜丽当成偶像的易思玲成为射击队女子气步枪奥运阵容的主力人选，她开始感受到杜丽当年的压力。

用"催眠"食谱和唱歌缓解压力

离奥运会越近，易思玲感受到的压力越大。虽然易思玲是开朗、大气的女孩子，但每到大赛前，易思玲都紧张得睡不着觉。

为此，易思玲的父亲也想尽办法为女儿减压，在网上为易思玲寻找"催眠"食谱，给易思玲做思想工作。平心而论，"催眠"食谱未必一定能起到催眠作用，但却有心理暗示的效果，无形中可以减轻压力。

在用功之余，易思玲也会给自己放松一下。易思玲和很多体育名将一样，喜欢唱歌。她有时会和队友一起出去唱一下卡拉OK，开心之后，压力也一扫而光。

2012 年 3 月，射击队进行奥运选拔赛，六名队员要比三场，成绩最好的前两名可以获得伦敦奥运会参赛资格。第一场比赛，易思玲的成绩不佳，只排在第四位。如果第二场再比不好，易思玲可能就要与伦敦奥运会无缘了。

对此，易思玲的父亲安慰她，只要能坚持到最后，就没什么

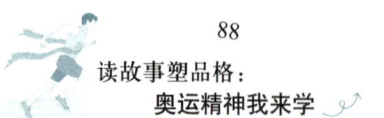

后悔的，最重要的是经历过、尝试过。易思玲在父亲的安慰下，重新找到动力，在随后的比赛中，她发挥出色，获得了奥运会参赛资格。

2012 年 7 月 28 日，是伦敦奥运会的第一个正式比赛日。在女子 10 米气步枪预赛中，易思玲打出 399 环，与波兰选手波加茨卡并列第一进入决赛。

在决赛中，易思玲在第八枪开始站稳第一，虽然波加茨卡在最后一枪打出 10.8 环的高分，但易思玲仍以 502.9 环的成绩，夺得伦敦奥运会女子 10 米气步枪金牌。

在赛后的新闻发布会上，易思玲兴奋地说："我终于站在了舞台中央。"

故事 3

教练用了缓兵之计

——里约奥运会张梦雪夺冠记

里约奥运会前,教练对张梦雪说,这次比赛主要是让你积累经验,你要出成绩,要等四年后的东京奥运会。这其实是教练的缓兵之计,却让张梦雪卸下了所有压力。

一枪打在地上后,张梦雪灰心想退役

1991年,张梦雪出生于山东省济南市。小学五年级时,张梦雪陪着同学去参加体校的夏令营,但没想到,她从此开始端起枪。

张梦雪一开始只是想陪着同学去看看热闹,却被一位教练看

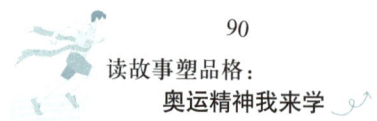

中，让她也上来试一试。张梦雪举起手枪，很沉得住气，手臂也很稳，教练让她周末去试着练练。

阴差阳错走上射击道路后，张梦雪展现了射击天赋。2004年，十三岁的张梦雪进入体校开始专业训练。一开始，张梦雪向母亲抱怨，每次训练教练只给几发子弹，打得根本不过瘾。母亲告诉她，只要好好练，将来教练给的子弹会多到用不完。

2007年，张梦雪凭借优异成绩进入山东省射击队。但让张梦雪大为遗憾的是，虽然她的训练水平已经相当不错，但迟迟在全国比赛中拿不到好成绩，这也就意味着她进不了国家队。

张梦雪尝试了很多办法，教练也很着急，但张梦雪的成绩一直上不去。2013年全运会，张梦雪二十二岁，已经到了该出成绩的年龄了，大家也都很看好她。但在比赛前试射时，张梦雪出现非常大的失误，竟然一枪打到了地上。

张梦雪后来回忆，这是因为自己太想获得好成绩了，紧张之下才出现这样的失误。当时张梦雪非常灰心，全然没有继续打下去的动力，一心就想着退役。

进入国家队一年之后，张梦雪获得世界杯银牌

真的要退役，张梦雪内心也很茫然，因为她觉得自己并没有退路，除了射击，并不知道自己还能做什么。

教练和父母也都不支持张梦雪退役，希望她能继续练下去。张梦雪的父亲以自己的例子去劝导张梦雪，他小时候游泳非常好，曾有进专业队的机会，但可惜因种种原因没能实现，一直到现在还有点儿遗憾。父亲希望张梦雪能再坚持一下，别因此最后遗憾一辈子。

张梦雪决定再练四年，如果到下一次全运会还没有好成绩就退役。没想到这个决定，让她等来了进国家队的机会。2014年的全国射击冠军赛，张梦雪进入前八名。之后的全国射击锦标赛，张梦雪又一次进入前八名。这两次前八名，帮张梦雪敲开了国家队的大门。

2014年10月，张梦雪进入国家队，这离她进入山东省省队已经过去了七年。由于历尽磨难，张梦雪并不敢奢望自己能一下有好的成绩，所以在各种比赛的选拔赛中，她都保持一份平常心。

2015年，入队才一年时间的张梦雪和两届奥运会女子10米气手枪冠军郭文珺一起参加了世界杯韩国站。当时中国射击队女子气手枪组还没有拿满两张里约奥运会入场券，这次韩国站，中国队要力争前三名以获得一张入场券。在资格赛中，郭文珺意外被淘汰。张梦雪孤军奋战，在参加决赛的八名选手中脱颖而出，最终获得银牌，帮助中国队成功拿到一个奥运会参赛资格。

张梦雪表示，她当时想法很简单，就是一枪一枪去拼，没去想过得第几才能获得奥运会参赛资格，这样反而保持住了平常心。

在射击队两年里的六场奥运会选拔赛中，张梦雪在前四场全部获得冠军，提前两轮获得奥运会参赛资格。

你的任务是积累经验，夺冠是四年以后的事情

里约奥运会，女子10米气手枪的比赛是在正式比赛开始后的第二天。中国体育代表团在开赛首日有多个夺金点，但最终全部与金牌无缘。夺金重任落到了第二天的女子10米气手枪比赛上。

在比赛前一天，张梦雪和教练去散步。教练告诉张梦雪，她才进国家队不到两年，这届奥运会的主要任务是积累经验，为下届奥运会做准备，那时才是她出成绩的时候。张梦雪信以为真，一下子减轻了压力。

这其实是射击队常用的减压方法。2006年，二十岁的庞伟刚进射击队的时候，在世锦赛射击选拔赛时紧张得手都有点儿发抖。教练王义夫告诉他："你还年轻，世锦赛这么重要，拿到参赛资格也不会让你去。放松打。"放松下来的庞伟不但以选拔赛第一的成绩获得了参赛资格，最后还拿到了世锦赛的冠军。

2016年里约奥运会，射击规则进行改革，实行淘汰制，队

第五章　越是紧张越要冷静

友郭文珺没能进入决赛，让张梦雪非常吃惊，这意味着她将一个人去战斗。

在决赛阶段，张梦雪一直刻意不去看成绩。看着不断有人被淘汰，张梦雪内心很平静。"只要裁判不念我的名字，我就一直打。"当张梦雪发现射击场只剩最后三名选手时，她知道自己能上领奖台了。这时，张梦雪才看了一眼成绩，发现自己居然领先那么多。

随后的比赛，张梦雪越打越从容，以199.4环的成绩获得女子10米气手枪冠军，成为第五个获得中国奥运首金的射击队选手。

我与奥运

考试前紧张是在所难免的，但想缓解压力，也得有充分的准备和坚实的实力。无论是射击队，还是其他运动队，都对赛场上有可能出现的压力和紧张情绪进行过针对性的训练。

中国射击选手多次在奥运会实现最后一枪反超的情况，如2004年杜丽在雅典奥运会，2021年杨倩在东京奥运会，都上演逆转的好戏。这是因为射击队平时没少模拟最后一枪的情况，就是让队员练习如何平复心态，打出好成绩。

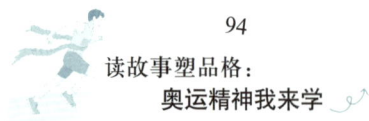

读故事塑品格：
奥运精神我来学

中国乒乓球队也经常进行这样的演练，常常直接从18比18（21分制时期）的比分开始比赛，甚至有时从20比20开始，让队员适应在压力下比赛，甚至在演练时故意在看台上制造噪音，当大家平时熟悉这些情况，到真正比赛中就会处变不惊。

同学们在学习中也是这样，如果能熟悉考试的模式、了解考试的过程，那么在考试中就会减轻压力、从容面对，考出自己应有的成绩。

思 考

1. 你在考试前紧张过吗？是怎么解决的？
2. 看过这些故事后，你有没有学到解决压力的办法？

第六章

挑战自我也是一种伟大

我感觉永远也考不了第一名，找不到前进的方向怎么办？

在奥运会以及世界体育大赛上，除了争夺冠军或奖牌，还有一些数据引人注目，比如"WR"，这是世界纪录的缩写，比如现在的男子100米短跑世界纪录是9.58秒，是由牙买加选手博尔特在2009年8月17日于德国柏林世界田径锦标赛上创造的。

在体育赛事中，除了世界纪录，还有赛会纪录、国家纪录、个人纪录、赛季纪录……各种数据五花八门，目的就是一个，让每个选手找到自己的目标，努力超越自我。

和每一位同学按照自身实力制订不同目标一样，中国选手在比赛中也是不断制订自己的目标。2021年举行的东京奥运会上，在田径男子100米短跑半决赛中，苏炳添跑出9.83秒的成绩，进入最后的决赛，这是中国人第一次进入100米短跑的决赛。无论决赛成绩如何，苏炳添的表现都足够让人振奋，冠军当然珍贵，但如果能不断挑战自我、超越自我，也是非常令人尊重的。

故事 1

奥运赛场上飞翔的中国人

——中国男子田径短跑队的奋斗经历

9.83 秒！半决赛第一！苏炳添创纪录进入了奥运会决赛，他双膝跪地，趴在赛道上，用手拍打地面，激动的心情难以平复。

在百米赛场，张培萌第一个跑出 10.00 秒

男子 100 米短跑比赛，10.00 秒成绩是一个大关口，只有跑进 10.00 秒以内，才有希望在世界大赛中闯入决赛，争取好成绩。为了 10.00 秒，中国选手奋斗了好多年。

1965 年，在第二届全运会田径队来渝汇报表演赛上，二十七岁的陈家全跑出了 10.0（手计时）秒的成绩，平了当时的

97

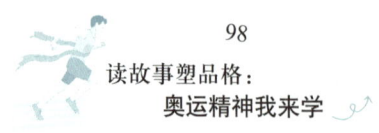

世界纪录，这一成绩让大家非常振奋。

不过当年的成绩是手计时，也就是受过训练的专业裁判在听到枪响之后按下秒表，在选手跑过终点后再按停秒表。随着科技进步，现在的比赛已经采用电子计时，刨除了人为因素。电子计时比手计时更为准确，一般来说，手计时成绩转换为电子计时成绩后，要加上 0.2 秒左右。

中国选手在正式比赛中第一个跑进 10.00 秒大关的是张培萌。

张培萌 1987 年出生于北京，2004 年进入北京队开始正式田径训练。张培萌的成绩提高很快，2007 年，他就获得体育生涯中第一个全国冠军。2009 年，张培萌曾因腿部疼痛被误诊为骨癌，幸好最终排除了癌症隐患，保住了双腿。

2013 年的莫斯科世界田径锦标赛上，张培萌在男子 100 米短跑预赛中以 10.04 秒的成绩获得了小组第一，这是中国选手首次在世锦赛级别的比赛中以小组第一的成绩出线。在半决赛中，张培萌跑出了 10.00 秒的成绩，但遗憾的是，他最终因落后第八名 0.001 秒，无缘世锦赛决赛。

张培萌的成绩激励着每一个中国人，那谁能超越他站在世界大赛的决赛现场呢？

北京世锦赛短跑队创造两项历史

1989年出生于广东省中山市的苏炳添也是一位非常有天分的选手。苏炳添初一的时候，身高1.55米，却在篮球场依靠惊人的爆发力摸到了篮板。他这一天赋被田径教练发现并培养，苏炳添开始在短跑赛道上一路狂奔。

2007年，苏炳添进入广东省队，2009年进入国家队。2012年伦敦奥运会，苏炳添在男子100米短跑决赛的小组赛上以第三名的成绩晋级，这是中国选手第一次在奥运会晋级100米短跑半决赛。虽然这对田径强国的选手来说是微不足道的成绩，但对中国选手来说，就是一个突破性的成绩。

北京时间2015年5月31日凌晨，苏炳添在国际田联钻石联赛美国尤金站男子100米短跑决赛中，以9.99秒的成绩获得第三名，打破了张培萌的全国纪录。这也是亚洲选手第一次跑出10.00秒以内的成绩。

有了张培萌、苏炳添这样的短跑好手，中国男子田径队开始在4×100米接力赛上发力。

接力赛，不是简单把四个跑得最快的人组合在一起，这是一个非常有技术含量的比赛。在赛道上，谁跑第一棒、谁跑弯道、谁最后冲刺，需要根据每个人的特点来安排，而在交接棒上也非常有技巧，需要有极高的配合度。美国选手频繁在世界大赛上掉棒，就是因为配合度不够。

2014年仁川亚运会上，张培萌、苏炳添与谢震业、陈时伟搭档，跑出了37.99秒的成绩，打破亚洲纪录并获得男子4×100米接力赛亚运会冠军，这是中国选手自1990年北京亚运会后，第一次获得这个项目的亚运冠军。

2015年在北京举行的世界田径锦标赛上，中国男子田径队创造了两个奇迹：苏炳添进入百米决赛；莫有雪、谢震业、苏炳添和张培萌组队，获得了4×100米接力赛银牌。

在一年后的里约奥运会上，中国队在4×100米接力赛中获得第四名，再一次创造历史。此后，张培萌退役。

9.83秒，苏炳添半决赛第一闯入奥运决赛

2021年举行的东京奥运会，中国田径队继续在两项赛事中挑战自我。

7月31日，苏炳添在男子100米小组赛中，以10.05秒的成绩位列小组第二。小组赛一开始，苏炳添一路领先，当接近终点时，他为了不让状态出来过早，影响后面发挥，有意减慢了速度。这是田径比赛中高水平选手在预赛中惯用的战术。

8月1日，半决赛开赛，分组对苏炳添很不利，要想进入决赛，他必须拼尽全力，不能再像在小组赛中那样保存实力。但是决赛

就在半决赛两个小时以后，这时拼尽全力就很难保证决赛成绩，但苏炳添的首要任务是先进入决赛，能进入奥运会决赛赛场，已经是中国短跑史上的重大突破。

枪声响起，苏炳添开始时一路领先，快到终点时几个人并驾齐驱，肉眼很难分辨胜负。比赛结束后，苏炳添望向大屏幕等待成绩，9.83秒！半决赛第一！苏炳添创纪录进入了奥运会决赛，他双膝跪地，趴在赛道上，用手拍打地面，激动的心情难以平复。

两个小时之后，苏炳添来到了决赛赛场。由于半决赛已是极限发挥，透支了体力，他最终获得第六名，但决赛中9.98秒的成绩依然非常耀眼。

在8月6日进行的接力赛中，苏炳添与队友谢震业、吴智强、汤星强合作，获得了东京奥运会男子4×100米接力赛第四名。由于获得银牌的英国队中有选手被查出使用兴奋剂，中国队将递补铜牌。北京时间2022年3月21日，国际田联在其官方网站上确认，苏炳添、谢震业、吴智强、汤星强为东京奥运会男子4×100米接力铜牌得主。中国队又一次刷新了历史。

虽然中国短跑队目前尚未在奥运会或者世锦赛上站上冠军领奖台，但他们不断突破自我、挑战自我的精神，激励着每一个热爱生活的人。

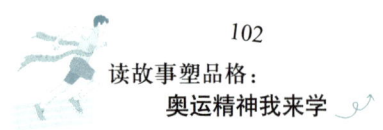

故事 2

二十二年努力与一枚冬奥会金牌

——盐湖城冬奥会杨扬实现中国冬奥会金牌零的突破

枪响以后,杨扬闪电一般冲了出去,牢牢占据了领先位置,把冠军最有力争夺者保加利亚选手拉达诺娃甩在身后。

几代人努力不断超越自我

1980年,中国体育代表团出征美国普莱西德湖冬奥会,这是中国第一次参加冬奥会赛事。从那时开始,中国选手一直努力实现金牌零的突破,但一直到2002年,经过数代人的努力,才最终由杨扬实现。

1980年的冬奥会之行,让中国选手感到自身在冰雪项目上的差距。此后,一代代中国选手和教练开始寻找突破口,把夺金重点项目放到了冰上运动。

虽然中国北方常年降雪,但适合滑雪的场地并不多,雪上运动也起步非常晚,不好开展。而冰上运动则不存在这个问题,中国有辽阔的疆域,北方冬季寒冷,很多人喜欢滑冰,群众基础非常好,建设冰场也相对容易。

中国一开始的夺金目标是速度滑冰和花样滑冰,1992年法国阿尔贝维尔冬奥会,短道速滑成为正式比赛项目。中国在此项目上多次在世锦赛上取得好成绩,可是在冬奥会上一直迟迟没能夺金。

1992年冬奥会,叶乔波在速度滑冰女子500米比赛中获得银牌,这是中国选手在冬奥会上获得的第一块奖牌。在短道速滑项目中,曾创造女子3000米接力赛世界纪录的中国女子短道速滑队,前期一直遥遥领先,可当比赛就剩20米时有运动员却意外摔倒,遗憾地与冬奥会金牌失之交臂。

此后,冬奥会不再与奥运会同年举行。在1994年挪威利勒哈默尔冬奥会与1998年日本长野冬奥会上,中国选手多次冲击冬奥会金牌,创造许多个振奋人心的瞬间,虽然没能登上最高领奖台,但运动员们仍不断挑战自我,力争创造好成绩。

1994年冬奥会,陈露获得我国第一块花样滑冰奥运会奖牌;

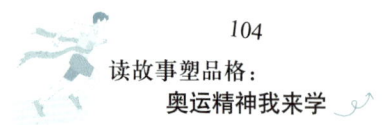

1998年冬奥会，李佳军成为中国第一位夺得冬奥会奖牌的男运动员。

杨扬在亚冬会一战成名

2002年，杨扬登场了，这一年她二十七岁。

杨扬其实参加了1998年的日本长野冬奥会，并且在短道速滑女子1000米比赛中第一个冲过终点，但可惜因为犯规被取消了成绩。

杨扬1975年出生于黑龙江省佳木斯市，这里冰天雪地，冬天非常寒冷，滑冰的人也非常多。杨扬小时候非常羡慕那些在冰场滑冰的人。上小学时，体校老师来学校招人，选中了杨扬，这让她非常高兴。杨扬训练非常认真、刻苦，深受教练的重视。

两年后，杨扬随家人工作调动，搬家到七台河市。这里因产煤而闻名。七台河市体校的短道速滑训练很系统，后来更是成为培养短道速滑冠军的摇篮。杨扬的能力在这里得到了充分提升。

1988年，杨扬参加了黑龙江省青少年短道速滑赛，由于同龄组报满了，教练给她报了大龄组。和比自己大两岁的孩子比，杨扬心里一点儿也不发慌，枪响以后她迅速起跑，但毕竟有年龄、体力的差距，杨扬一出发就摔了一个跟头。这要是别人也许就放弃比赛了，但杨扬爬起来拼命追。杨扬这样的表现让教练觉得她长大以后一定会有出息。

1993年,杨扬进了国家队。刚进国家队时,教练觉得她非常瘦弱,纳闷儿她是怎么入选国家队的。但一上冰,教练发现杨扬的冰感非常好,是个有潜力的好苗子。

1996年,亚冬会在哈尔滨举行,在短道速滑女子1500米比赛中,杨扬力压韩国的几名冬奥会冠军选手,一举夺冠,也让在场的韩国人大为吃惊。

在此后的两年时间里,杨扬多次站上世界大赛的冠军领奖台,她开始把目标放在夺取1998年日本长野冬奥会金牌上。

44.187秒浓缩了中国冰雪人二十二年的努力

在日本长野冬奥会,杨扬参加了女子短道速滑的三个比赛项目。在两项单项比赛中,杨扬在女子短道速滑1000米比赛中超越韩国选手第一个冲过终点,但被裁判判罚为"横切犯规",剥夺了金牌。在女子短道速滑500米比赛中,她同样被判犯规,仅获得第八名。只有接力比赛,杨扬和队友合作获得了银牌。

冲金失败后,杨扬内心很痛苦,但她觉得失败之后应该重新站起来,去面对挑战。在一个月后的世锦赛上,杨扬走出阴影,一举获得三枚金牌。

2002年美国盐湖城冬奥会新增了1500米比赛,这是杨扬的强项。但没想到杨扬出师不利，最终只获得第四名。比赛结束后杨扬仔细回忆了自己比赛失利的原因，并为后面的比赛制订更为详细的计划，为可能出现的意外做好充分准备。

在当地时间2月16日，短道速滑女子500米决赛开始。杨扬占据着内道起跑的有利位置。短道速滑一圈是111.12米，500米比赛要滑4圈半。由于500米比赛赛程短，所以运动员起跑的爆发力非常重要。实力强的选手如果能在起跑时占据领先位置，夺冠的希望就很大。

枪响以后，杨扬闪电一般冲了出去，牢牢占据了领先位置，把冠军最有力的争夺者保加利亚选手拉达诺娃甩在身后。最终，杨扬第一个冲过终点，毫无争议地获得了冠军，这是中国选手的本届冬奥会首金。此后，杨扬又获得了女子短道速滑1000米比赛的金牌。

44.187秒，这是杨扬短道速滑500米比赛夺冠成绩，浓缩了中国冰雪人二十二年的努力和梦想。杨扬的成功，是每一代选手不断进步、超越自我的结果和最终的体现。

故事 3

缤纷的落叶化身为每一个对手

——小个子邹市明的神奇之路

"我终于在奥运会赛场用拳头展示了中国人的力量,这是我最自豪的事情。"

教练看中邹市明的斗志,把他收下了

拳击比赛是世界上职业化程度最高的赛事,在欧美,一场重量级拳王争霸赛会吸引无数观众观看。

中国的拳击运动起步非常晚,1990年北京亚运会,一位名叫白崇光的选手,获得了中国拳击运动史上第一枚亚运会金牌。此后,中国拳击又陷入多年的沉寂,直到十六年后邹市明再一次

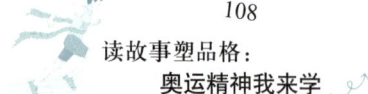

获得亚运会拳击冠军。

1981年,邹市明出生于贵州省遵义市。十三岁时,邹市明前往武校学习,不久,他发现自己更喜欢拳击,于是前往体校报名学习拳击。

不巧的是,体校已过了招生时间,于是邹市明自费旁听学习。学习拳击后,邹市明全身心投入到拳击训练中。当邹市明走到路上,看到行人迎面走来的时候,他都会把对方当成对手练习躲闪。树上落下缤纷的落叶,邹市明也会当成是对手的攻击进行闪躲。面对别人投来疑惑和嘲讽的眼神,邹市明浑然不觉,仿佛自己已站立在拳击台的中央。

体校又招生了,邹市明兴冲冲去报名,但第一轮就被淘汰了。练习拳击需要手臂很长,这样在进攻的时候才能占据上风。但邹市明的臂展比身高短了一厘米,不符合要求。

第二轮选拔的时候,邹市明来到考场,央求教练:"你看我来都来了,让我打一场吧。"教练看见邹市明不请自到,哭笑不得,就让一名获得过全国青少年拳击冠军的选手来和邹市明打,单拳对双拳。

尽管邹市明对拳击如痴如醉,但毕竟没有接受过专业训练,比赛经验更是缺乏,很快他就受伤了。对方停下来,让邹市明擦一擦。邹市明倔强地说:"不用,接着打。"

比赛结束后，邹市明忐忑不安，他觉得自己打得并不好。教练却看中了邹市明顽强的斗志，把他收下了。

为了练习步伐，邹市明磨破了一双又一双鞋

进了体校并不意味着高枕无忧，优胜劣汰意味着邹市明要是不能打出好成绩，很快就会被淘汰。

邹市明发现，那些比他年龄大的拳击选手，每个人都有自己在实战中积累起来的经验。于是邹市明主动和这些师兄们搞好关系，一有空就虚心请教，他因此学到很多同龄孩子所不了解的技巧。贵州是拳击运动的大省，人才济济，邹市明学到的这些经验，当然远不足以让他日后获得世界冠军，但可以帮他在同龄选手中脱颖而出。

作为拳击选手，邹市明有着先天不足，他身形瘦小，臂展也不够长，抗打击能力差，很多人并不看好他。但教练张传良却很看好邹市明，并按照他的特长定制了一套全新的打法。

作为传统的拳击选手，学打拳之前，要先学如何挨打。邹市明在张传良的指导下，学习如何不被人打到。这需要邹市明有非常灵活和敏捷的步伐，用脑子去比赛。邹市明为了弥补身形上的不足，也为了练习新战术，不停地练习步伐，脚上的鞋穿坏了一双又一双。

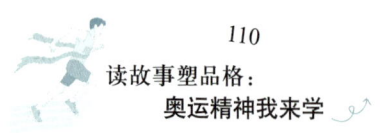

1999年，邹市明进入国家队。2000年，邹市明在全国拳击锦标赛预赛上，一举战胜头号种子选手，那一天正好是邹市明的十九岁生日。此后，邹市明在国内比赛中多次夺冠，很少有人能挑战他的实力。

2003年，邹市明出征泰国拳击世锦赛。他在第一轮就遇到了上届冠军古巴选手巴特莱尼。在教练的"快"战术指导下，邹市明一举击败对手，爆出冷门。最终，邹市明获得银牌站上了领奖台，这是中国拳击选手第一次在世界大赛上获得奖牌。

北京奥运会夺冠，改写中国拳击史

2004年雅典奥运会，邹市明在男子48公斤级半决赛上又一次遇到巴特莱尼。前两回合，邹市明占据点数上的优势，他只要能坚持打完第三个回合，就可以晋级决赛。但没想到对手绝地反击，邹市明在几秒钟之内被击中十几拳，局面一下子逆转。

邹市明虽然没能夺冠，但奥运会铜牌已是中国选手在拳击项目上的最好成绩。

2005年拳击世锦赛，邹市明在决赛中打得积极主动，战胜匈牙利对手贝达克，获得世锦赛金牌，又一次改写了历史。在随后的两年，邹市明先后在亚运会和世锦赛上夺冠，成为男子48公斤级比赛实力最强的选手之一。

第六章 挑战自我也是一种伟大

2008年北京奥运会,邹市明对金牌志在必得。但在第二轮,邹市明遇到了麻烦,在离比赛结束还有30秒时,邹市明依然落后。最终邹市明放手一搏,将比分扳平为3比3,最终靠小分优势晋级。

在此后的比赛中,邹市明意识到每一位选手都不能轻视,要做好各种应对准备。放平心态后,邹市明越打越顺利,最终进入决赛。

决赛时邹市明的对手是蒙古选手塞尔丹巴。在第一回合,邹市明和塞尔丹巴都在小心翼翼进行试探,都以防守为主,找准机会后才进行一次进攻。在第一回合快结束时,邹市明主动进攻获得1分。

第二回合,邹市明一开场就开始暴风骤雨般的进攻,虽然没能得分,但塞尔丹巴却退到场边,和教练交流两句后,由教练宣布他因肩伤放弃比赛。

看到自己获得中国奥运史上第一枚拳击金牌,邹市明非常兴奋,身披国旗仰天长啸。

当颁奖仪式上五星红旗升起的时候,邹市明流下激动的泪水,"我终于在奥运会赛场用拳头展示了中国人的力量,这是我最自豪的事情。"

读故事塑品格：奥运精神我来学

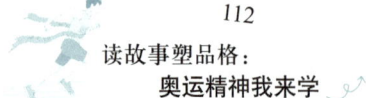

我与奥运

古人说：不积跬步，无以至千里；不积小流，无以成江海。这句话出自荀子的《劝学》。

成绩是一步一步取得的，每次给自己定一个小目标，不断挑战自我，才有望不断取得成功。

在这几个奥运故事里，成功甚至是几代人的努力，但先行者从未因自己无法站到领奖台上而放弃努力。正是因为他们的铺垫，才有了后来者的成功。

同学们也可以根据自身情况，按照三个月、半年、一年这样的周期制订自己的目标。

思 考

1. 你给自己定过目标吗？最终实现了吗？
2. 这些奥运人物的奋斗经历，给你的启发是什么呢？

第七章
勤奋是成功的基石

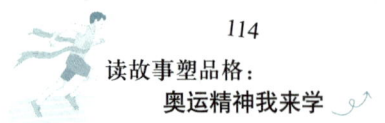

我很想成功，但又怕吃苦，有什么捷径吗？

在运动场上，想成功得有天赋，但光有天赋也不一定能取得成功。也许存在没有天赋但依靠勤奋成功的人，但不勤奋就能夺冠的人，放眼全世界都很难找到。没有一个运动项目不需要吃苦。以举重为例，训练既艰苦又枯燥，运动员每天要不停地举起自身体重两倍以上的重量，即使挥汗如雨，他们仍坚持不懈。

不过勤奋要有针对性、有技巧，这样勤奋才能转化为成功。让短跑运动员每天去跑一个马拉松，这样的勤奋不仅毫无意义，也会缩短运动员的运动寿命。郎平是个非常勤奋的教练，她在安排训练时非常有技巧。当一项训练安排下去后，她会隔一段时间检验一下效果。如果效果不佳，郎平会换一种训练方式，还是同一目标，但训练方式变了，效果就有可能不同。没有效果的勤奋，不但耗费了时间和体力，而且不起作用，那会得不偿失。

在勤奋训练的同时，郎平还会设立小目标，率先达到目标的运动员会获得奖励，这样也提高了大家的积极性。

此外，现在的训练也提高了科学性，通过科学手段找出问题，再进行针对性调整，有的放矢，提高了效率。

故事 1

在教练激励下一把举起杠铃

——大力士占旭刚勇夺2000年悉尼奥运会金牌

看到希腊选手和教练抱在一起庆祝,占旭刚心里很不是滋味,当听到教练告诉他,已是最后一把机会时,占旭刚豪气顿生,发誓要把杠铃举起。

出色的爆发力打动教练

也许在很多人想象中,举重是一项不用动脑子的运动,看那些运动员身材魁梧,应该也不怎么灵巧。

和大家想的恰恰相反,举重是力量与智慧的完美结合,举重运动员因爆发力极强,身手都非常敏捷,甚至不用助跑就可以跳

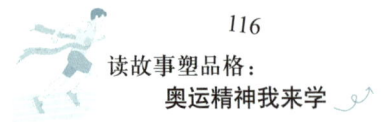
读故事塑品格：
奥运精神我来学

上比自己身高还高的箱子。

占旭刚就是一个爆发力极强的运动员。他于1974年出生于浙江省衢州市，刚出生就重达10斤，是个不折不扣的大胖小子。

占旭刚上小学时，在一次学校的运动会60米短跑比赛中，晚起步的占旭刚居然后发制人，追上了前面的同学，第一个跑过终点。占旭刚出色的爆发力打动了教练，把他带到县体校练举重。

占旭刚十三岁的时候，在40公斤级少年组比赛中，能抓举62.5公斤，挺举80公斤，这成绩已超过了比他年龄大的孩子，于是占旭刚被带进省举重队进行专业训练。

1993年，占旭刚在世界青年举重锦标赛上，一举获得抓举、挺举和总成绩金牌。这是他第一次参加世界大赛，取得这样的成绩让人刮目相看。1994年，占旭刚进入国家队，开始备战1996年美国亚特兰大奥运会。

1994年元旦，占旭刚一个人坐火车从浙江来到北京。教练发现，这个小伙子性格内向，虽然平时训练非常刻苦，但在关键时刻太拘谨，发不出狠劲儿来。举重是一项非常仰仗爆发力的运动，需要在关键时刻有点儿"人来疯"。教练决定多使用激将法。

亚特兰大奥运会前教练使出激将法

举重队的训练非常劳累，每日都要和沉重的杠铃打交道，不同的训练方式锻炼身体上不同的肌肉，但最终归于一点，就是不论哪种训练方式都特别累。

占旭刚在训练中从不偷懒，他由于爆发力强，常常能举起别人举不起的重量，大家因此给他起了一个爱称叫"力王"。有一次训练课，杠铃重量加到了 200 公斤，这实在是太重了。有人怂恿占旭刚上去试试，如果举起了就请他吃饭。

就在占旭刚犹豫的时候，教练激了占旭刚一下："怕什么，不就是一顿饭嘛！"占旭刚一下子激动起来："举就举。"他上去就把杠铃举了起来。这个激将法非常奏效，占旭刚一旦举起过这一重量，过了心理和技术这一关，下次再举类似重量，就不再心里发怵。

1996 年亚特兰大奥运会，在占旭刚参赛前，队友唐灵生在男子 59 公斤级比赛中夺冠。教练故意对占旭刚说："队友已经夺金了，你这块就无所谓了。"占旭刚愣了，心想我的金牌怎么就无所谓了？于是他下定要夺冠的决心。

在占旭刚参加的男子 70 公斤级比赛中，最强的对手是来自朝鲜的金明南，两人在世锦赛上多次交手。

举重比赛分为抓举和挺举两部分，每部分各有三次试举机会，最后抓举的最高成绩和挺举的最高成绩相加，就是一名选手的最终成绩。每部分第一把试举的重量非常重要，运动员之间斗智斗勇主要体现在这个阶段。

占旭刚在教练的安排下,准备一开始就冲击抓举155公斤、挺举190公斤的高重量,这让金明南的教练慌了神,也跟着改了重量,把金明南的第一把抓举重量调高到160公斤。

最终金明南因第一把试举的重量太高,两次试举失败,这让占旭刚在抓举上就取得了领先优势。随后进行的挺举比赛中,占旭刚两举之后就已锁定金牌,第三举更是打破了挺举和总成绩的世界纪录。

占旭刚大吼一声举起杠铃

亚特兰大奥运会后,国际举联进行改革,取消了70公斤级赛事。占旭刚想继续比赛,只有两种办法,一种是降低体重去参加69公斤级比赛,另一种是增加体重去参加77公斤级比赛。

占旭刚在举重运动员中身高算高的,降低体重已非常困难。不得已,占旭刚在教练的指导下增重到77公斤。不同重量级之间成绩差距非常大,以挺举195公斤为例,在70公斤级是占旭刚创造的世界纪录,但在77公斤级,连第一把试举的重量都嫌低。这意味着占旭刚从优等生一下子变成差生,占旭刚的心理落差非常大。

看着占旭刚在举重馆闷头苦练,教练心里很有底,知道占旭刚非常要强且技术好,在勤奋的基础上一定可以赶上其他人。

与 70 公斤级比赛多是亚洲人参赛不同,77 公斤级比赛有大量欧美选手,占旭刚一时增加了很多对手,出征悉尼奥运会的路注定不平坦。

2000 年悉尼奥运会,占旭刚在抓举比赛中出师不利,只成功了一把,以 160 公斤的成绩并列小组第四位。挺举比赛,希腊选手米特鲁举起 202.5 公斤的重量,总成绩超过占旭刚 5 公斤。占旭刚想夺冠,必须要举起 207.5 公斤的重量,但他平时连 205 公斤都很少能举起。

看到希腊选手和教练抱在一起庆祝,占旭刚心里很不是滋味,当听到教练告诉他,已是最后一把机会时,占旭刚豪气顿生,发誓要把杠铃举起。

站在杠铃前,占旭刚大吼一声,一把将杠铃稳稳举过头顶,成功获得悉尼奥运会金牌。

故事 2

越是热天越要练　越是高坡越要走

——陈跃玲获中国奥运田径第一金

教练发现,巴塞罗那夏天非常炎热,而且城区坡路非常多,断定奥运比赛一定会有很多坡道,因此给陈跃玲制订了相应的训练计划:在热天训练、爬高坡。

看到大灰狼,陈跃玲壮着胆子依然跑进大山里

陈跃玲是个地道的东北山里长大的女孩子,她1968年出生在辽宁省铁岭市,听到铁岭这名字,就知道那里山不少。

陈跃玲从小就喜欢跑,在学校加入了中长跑队。每一天,天蒙蒙亮,陈跃玲就往山里跑。有一天早上,陈跃玲出门的时候,

看见远处有个黑影蹲在那里。她又仔细一看，是一只大灰狼。大灰狼看到有人出来，也吓了一跳，转头跑进山里了。

冬天的时候，山里下满雪，陈跃玲依旧每天跑上山。有时路上太滑，陈跃玲会不小心掉进雪窟窿里，她爬起来，拍拍身上的雪接着跑。一年365天，陈跃玲几乎每天都不休息，天天在跑。

上中学的时候，陈跃玲因为有长跑的底子，加上协调性好、肯吃苦，被教练选去练竞走。

竞走是一项古老的运动，属于田径的一类，但和跑步有本质区别。跑步的时候，人必然有双脚腾空的瞬间，而竞走不允许，每时每刻必须有一只脚着地。与跑步相比，竞走距离要长得多，跑10000米已经是非常长的距离了，在世界大赛上比10000米还要长的项目只有长度为42.195公里的马拉松，而竞走项目，10000米刚刚起步。

转项练竞走，这意味着陈跃玲要付出更多努力和汗水。

在世界大赛上多次被罚下，陈跃玲很灰心

1986年，陈跃玲进入辽宁省竞走队。进了省队以后，训练量有了大幅提升，对训练质量也有了更高要求。

每天早上起来，陈跃玲要跑10到15公里，下午则要竞走20公里。一年365天，寒来暑往，陈跃玲冒着严寒、顶着烈日，一天不停歇地跑。出汗了，任凭汗水流下来；脚起泡了，狠狠心、忍着疼去挑破。有一次，陈跃玲因为训练强度大，脚后跟的皮整块脱落了，但她经过包扎处理后，第二天接着练习竞走。

1987年全运会，陈跃玲获得女子10000米竞走冠军，并打破了世界纪录。刻苦训练之后，该到收获的季节了，陈跃玲开始出征世界大赛。

但在世界性赛事上，陈跃玲的战绩非常不理想。1987年的世界大学生运动会，陈跃玲因为求胜心切，结果被三张红卡罚下。在此后的比赛中，陈跃玲多次因为出现动作变形、双脚离地的情况被红卡罚下。

有时因为害怕被红卡处罚，陈跃玲被迫放慢速度，结果节奏被打乱，最终无缘好成绩。看到这样的结果，陈跃玲非常灰心，觉得自己练得这么辛苦却没有收获，一气之下想到了退役。

教练劝告陈跃玲，1992年巴塞罗那奥运会新增了女子10000米竞走项目，这正是陈跃玲的强项。一出道就能遇到自己的优势项目，这种机会可遇不可求。教练向陈跃玲承诺，先解决犯规的问题，然后对巴塞罗那奥运会做针对性训练，一定会拿到好成绩。

在教练指导下，陈跃玲减小了每一步步伐的长度，这样在加速时不会让裁判产生腾空的错觉。减小步伐又想保持原来的速度，这意味着陈跃玲要加快步频，每一步要比之前走得更快。

第七章　勤奋是成功的基石

对于一个技术已经定型的选手来说,改变技术动作非常艰苦,但陈跃玲咬牙挺过来了。此后为了巴塞罗那奥运会,陈跃玲面临更加艰苦的训练。

越是热就越要走,越是坡就越要爬

巴塞罗那位于地中海边上,夏季温度常常在35℃以上,教练首先想到的就是让运动员们适应炎热的天气。

为了适应,陈跃玲在训练中始终没穿过短衣短裤,而是一直穿着长衣长裤,夏天的时候还要罩一件尼龙风衣。每天中午太阳正是火辣辣的时候,陈跃玲在教练的安排下练习、训练。每次练完,陈跃玲感觉人要虚脱一样,躺在床上完全不想动。

有一次,陈跃玲从训练基地回到北京,正好赶上北京天气特别炎热的时候。教练看机会难得,让陈跃玲加紧去练习三个4公里的竞走训练。骄阳似火,陈跃玲走在滚烫的柏油马路上,虽然脚底发烫、呼吸困难,但她一直咬牙坚持。

教练还发现,巴塞罗那地形复杂,坡道非常多,他断定比赛赛道一定会有坡道,下坡的时候好办,但上坡一定要进行加强训练。教练把陈跃玲带到大连市的一块高地,每天进行上坡训练。坡道有1公里长,坡度非常大,普通人走一遍都会大口喘气。陈跃玲一次训练就要走十个来回,还要保持一定的步频,训练量非

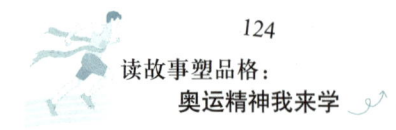

常大。

　　这些有针对性的苦练果然起到了效果，在巴塞罗那奥运会女子 10000 米竞走比赛时，换上短袖短裤的陈跃玲感到一身凉爽。比赛的赛道果然有个长长的坡道，进行过针对性训练后，比赛中的陈跃玲应对自如。虽然在临近终点时，有位选手超越了陈跃玲，但最终因其犯规被罚下。陈跃玲最终为中国体育代表团获得奥运史上的第一枚田径金牌。

故事 3

泳池里的高能摄像机

——奥运两金得主叶诗文的训练课

教练在池边和水下各安置了一套摄像器材,来拍摄叶诗文水中的姿态,以便找到问题,提高比赛速度。

手大脚大,叶诗文被选中学游泳

用科学手段来检验训练成果,纠正训练中的问题,这在各运动项目中已经很常见。当然,科学技术只是辅助手段,没有背后的勤奋做支撑,科学技术再强也没有用。在勤奋的基础上,采用科学手段可以起到事半功倍的效果。我们可以一起来看看2012年伦敦奥运会女子 200 米个人混合泳和 400 米个人混合泳双料冠军叶诗文的故事。

叶诗文 1996 年出生于浙江省杭州市。六岁的时候，叶诗文因为比同龄的孩子手大脚大，被教练选去练游泳。可别小看手大脚大这一点，这意味着在水中能比别人游得更快。世界上有两位著名的游泳选手都以脚大著称，一个是美国的菲尔普斯，一个是澳大利亚的索普。

叶诗文训练非常勤奋、刻苦，每次训练课，叶诗文都会按计划完成教练给的任务，从来不会偷懒耍滑。平时叶诗文也非常自律，生活很有规律。

叶诗文非常要强，不甘落后。2008 年年初，有一次队内测试，她输给了一个比自己年龄大的队友。周末回家，叶诗文闷闷不乐。吃饭的时候，叶诗文吃到一半，把筷子放下，跑到阳台上大喊："我一定要赢了你。"一个月后的队内测试，叶诗文果然赢了这名队友。这时，叶诗文还不到十二周岁。

2008 年年底，叶诗文进入国家队，开始接受更为系统也更为专业的训练。

用水下摄像系统捕捉叶诗文游泳中的问题

进入国家队后，叶诗文每天的训练量非常大，每天都要游七八千米。每次训练后，叶诗文都累得走不动。

第七章　勤奋是成功的基石

尽管累，叶诗文总会按时按量完成教练布置的任务。叶诗文也特别有灵性，每次下水，她都能领悟教练的指导，把动作准确做到位。即使有动作做错了，只要教练指出，叶诗文就基本不会再犯同样的错误。

2010年，叶诗文在全国游泳锦标赛上获得女子200米个人混合泳冠军，在半年后的亚运会上，她又获得同一项目的金牌。业内资深教练都认为叶诗文将在两年后的伦敦奥运会上大放异彩。

2011年7月，叶诗文在上海举行的游泳世锦赛上，参加了200米个人混合泳比赛。混合泳是在比赛中先后用蝶泳、仰泳、蛙泳、自由泳（自由泳比赛可以采用任意泳姿，但因为爬泳游速最快，因此目前自由泳比赛运动员都采用爬泳）四种泳姿比赛，每种泳姿距离相同。叶诗文虽然一开始落后，但因为她的自由泳非常强，因此在最后超越了所有对手，获得冠军。

叶诗文能迅速出成绩，也显示出中国游泳队科学训练的成效。当时叶诗文的教练发现，她在比赛时头部晃动的幅度很大，影响了行进的速度。但如果让叶诗文不晃头，她却又发不出力来。

科研人员帮助游泳队在池边和水下各安装了一台高能摄像机，捕捉叶诗文的游泳姿态，教练通过这套设备，分析并解决了

127

叶诗文的问题，提高了她的游速。

由于泳池里水的腐蚀性较大，摄像机如果长期浸泡在水中，上面的金属材料很容易被腐蚀，因此科研人员给水下拍摄系统用上了航天材料。

多项生化指标让训练变得更有针对性

中国游泳队通过长期的训练和比赛发现，中国和外国的训练方式各有千秋，利用国内外的训练方式可以在不同方面解决运动员不同的问题。于是叶诗文随队前往海外训练。

2011年游泳世锦赛夺冠后，叶诗文到海外集训了五周。在这三十多天里，叶诗文充分学习了国外训练方法，对日后自身技术改进起了很好的效果。

从海外回国后，叶诗文又随游泳队到高原进行训练。在高原上，平时不动都会有缺氧的反应，在大运动量下，头会疼得特别厉害。但在高原上训练，也有很多好处，比如会增加肺活量，体能也会加强。因此叶诗文强忍着头痛，坚持在高原上训练。伦敦奥运会前，叶诗文又一次随队上了高原，为备战奥运会做最后的冲刺。

在训练中,科研团队每天会根据叶诗文的身体情况进行检测，并把各个生理指标进行分析、总结，得出相应结论。教练会再按照分析的结果,制订后续的训练计划。在科学手段的帮助下,叶诗文的训练变得更高效、更有针对性。

北京时间 2012 年 7 月 29 日凌晨,叶诗文以预赛第二名的身份进入了奥运会女子 400 米个人混合泳决赛,在最后的 100 米她越游越快,最终以打破世界纪录的成绩获得该项奥运冠军。

两天之后,叶诗文在奥运会女子 200 米个人混合泳比赛中再次夺冠,实现了一届奥运会获得两金的壮举。

我与奥运

在成功的道路上,勤奋、刻苦是必不可少的,如何让自己不偷懒,以及如何更有效率,都是值得同学们思考的问题。

在训练场,运动员们都非常清晰地知道自己将来要达到的目标,也非常清醒地知道,只有比别人更刻苦、努力,才会取得好成绩。因此,一天磨破一双袜子、几天磨破一双鞋都是常有的事,是坚持不懈的毅力帮助他们完成一个又一个目标。

读故事塑品格：
奥运精神我来学

思 考

1. 你对学习有什么计划？

2. 怎么才能提高自己的学习效率呢？

3. "勤奋就是要一天到晚始终学习，别的什么事情都不管。"这种说法对吗？

第八章

每一次成功都离不开团队的帮助

什么是团队精神？我们为什么需要团队精神？

如果同学们爱看体育比赛，你们就会发现，无论哪一种项目，都离不开团队的协作。

团队中有教练，他会告诉运动员如何训练、如何比赛。有一些项目，例如足球、篮球，教练往往不止一个人，而是有主教练带队的多个教练。团队中会有人负责康复和理疗，帮运动员在比赛和训练后迅速恢复；还有人负责收集信息和资料，对赛事进行分析……

和体育比赛一样，我们在学习和生活中，也会有一个个团队，也需要很多人的帮助，我们每个人为一个共同的目标，在团队中履行不同的职责，只有团结协作，才能取得最后的成功。

第八章　每一次成功都离不开团队的帮助

故事 1

为了中国队，大家拼了

——1984 年洛杉矶奥运会李宁夺体操三金

在餐厅里，大家把手伸在一起，异口同声地说："为了中国队，明天一定要拼了。"

李宁不愿因为自己有伤影响全队

李宁是中国最优秀的体操运动员之一，他在 1984 年洛杉矶奥运会上，一人独得 3 枚金牌，被誉为"体操王子"。

李宁 1963 年出生于广西壮族自治区首府南宁市。李宁从小活泼可爱，喜欢翻跟头，模仿能力也非常强。八岁的时候，李宁进入校体操队。他真正打动教练的，并不是翻了一个又一个跟头，

133

而是非常自信的气质。

李宁经过三年的专业训练后，获得全国青少年体操锦标赛的自由体操冠军。教练对李宁的表现非常满意，但并没有放松对他的要求，反而对他进一步加强训练。李宁在教练的指导下，进步很迅速。1980年，李宁进入了国家队。

1981年的莫斯科体操世锦赛，是李宁第一次作为国家队主力参赛，但很不巧的是，在赛前的跳马练习时，李宁落地时不慎右脚踩到垫子的边上，脚当时就肿了起来。当队医赶到场地中查看时，李宁的踝关节已经肿得像小馒头一样，小腿也有紫色的淤血。李宁已经疼得满头大汗，但他忍着疼问队医，比赛还能上场吗？

队医看到这个情况，摇了摇头，觉得这伤在短期内很难恢复。体操队紧急商量对策，最终决定不让李宁上场。

李宁心里非常着急，他作为队中主力，如果不上场，全队成绩一定会受影响，怎么能让自己一个人拖整个团队后腿呢？

李宁赶紧找队医，做了紧急治疗，想办法让脚尽快好起来，至少能参加比赛。第二天一大早，天才蒙蒙亮，李宁就一个人偷偷跑到操场上慢跑。李宁坚决要参赛的决心最终打动了体操队，最终在体操男子团体决赛的六项赛事中李宁全部上场，为中国队获得体操男子团体铜牌。这是中国体操队第一次在世界大赛上获得体操团体比赛的奖牌。

团体赛获得亚军,队友们众志成城

1982年,李宁在体操世界杯上,获得全部7枚金牌中的6枚金牌,轰动了世界体操界,"体操王子"美名不胫而走。

1983年,李宁和队友们在布达佩斯体操世锦赛上获得体操男子团体冠军,这是中国体操队的第一个团体冠军。李宁和队友们开始憧憬1984年洛杉矶奥运会。

洛杉矶奥运会男子体操的第一项比赛就是团体比赛。在第一天的规定动作比赛中,中国体操队五人共拿到了六个满分10分,发挥非常出色。但主场作战的美国队,在现场观众的呐喊助威声中,超水平发挥,也多次获得高分,最终超过中国队,获得首日比赛的第一名。

和现在体操规则不同,当时体操比赛分为两天,第一天是规定动作,第二天是自选动作,最终两天比赛的比分相加,按得分高低决定名次。规定动作没比好,李宁和队友们在回奥运村的班车上沉默不语。在餐厅里,大家把手伸在一起,异口同声地说:"为了中国队,明天一定要拼了。"

第二天的自选动作,李宁和队友们表现出顽强的斗志。虽然最终中国体操队以0.6分的劣势不敌美国队获得亚军,但大家众志成城，体现出了强大的团队精神，这为单项赛夺金打下了基础。

虽然是单项比赛，李宁觉得是代表大家上去的

男子团体比赛中国队获得银牌，男子个人全能比赛李宁获得铜牌。体操开赛五天了，中国体操队还没获得金牌。看着中国射击队已经获得3枚奥运金牌，中国举重队已经获得4枚奥运金牌，李宁和队友们非常着急。

体操队的七个小伙子一起开了一个会，分析了一下单项比赛的形势。体操一共有六个单项比赛，分别是自由体操、鞍马、吊环、跳马、双杠和单杠。其中在自由体操、鞍马两个项目上李宁都是以预赛第一名进入决赛，吊环项目则是预赛第二名，和李宁一起参加自由体操决赛的还有楼云，童非则进入了单杠项目的决赛。

另外四人没有决赛任务了，他们说："你们好好比，我们在观众席上举着五星红旗为你们加油助威，帮你们关注技术要领。"听到同伴们这么说，李宁的心里热乎乎的。李宁觉得，这虽然是单项比赛，但他是代表大家一起上去的，决不能空手而归。他和楼云、童非都表示要拼了。

单项决赛第一个比赛是自由体操，楼云第三位出场，李宁第七位出场。楼云获得9.85分的高分，这是一个非常有竞争力的分数，中国金牌有望，李宁心里有底了。他握着楼云的手向他祝

贺。李宁登场了，一套高难度动作征服了裁判，其中四名裁判打出了满分10分，李宁最终获得了自由体操的金牌。

看台上的队友赶紧提醒李宁进行下一个项目鞍马的准备。在接下来的鞍马和吊环项目上，李宁都获得了金牌。

在洛杉矶奥运会上，中国体操队最终一共获得5枚金牌，成为中国代表团的夺金第一大户。李宁以3枚金牌成为中国男子体操队个人夺金王。

故事 2

林丹的球包上写着全队鼓励的话

——林丹征战北京奥运会羽毛球比赛的故事

林丹请全队所有队员、教练、工作人员，每个人在球包上写一句鼓励的话。这样，每当他看到这些话时，心中就会充满力量。

打入全运会男单决赛，林丹一鸣惊人

在中国羽毛球奥运会征战史上，林丹是最具传奇的男单球员。他在 2004 年获得多项赛事的冠军，被称为"超级丹"。从 2004 年雅典奥运会开始，林丹征战四届奥运会，获得了 2008 年北京奥运会和 2012 年伦敦奥运会两届羽毛球男单冠军。

林丹非常优秀，但他依然需要团队的帮助。不信，你往下看。

第八章 每一次成功都离不开团队的帮助

1983年,林丹出生在福建省龙岩市上杭县临江镇,他从小就喜欢看体育比赛。五岁的时候,林丹开始学习羽毛球,十二岁获得全国青少年比赛的羽毛球男单冠军。

1998年,林丹代表国家青年队参加亚洲青年羽毛球锦标赛,结果早早被淘汰。比赛结束后,国家青年队教练们认为林丹在比赛中所表现出的意志品质不够顽强,把他从国家青年队退回了地方队。

回到地方队后,林丹认真总结了经验教训,觉得自己太过于任性了,练得顺手时就特别来劲儿,练得不顺时就发脾气,非常难以管教。林丹决心改掉这个毛病,认真对待训练和比赛。教练也看到了林丹的转变,于是决定给他改正错误的机会。三个月后,林丹重新回到了国家青年队。

2001年亚运会,十八岁的林丹出人意料地一举打入男单决赛,爆出了一个大冷门。在决赛中,林丹最终不敌中国男子羽毛球队一号选手罗毅刚,获得亚军。林丹因此进入了中国国家羽毛球队,开始在国际赛场上亮相。

作为头号选手,林丹在雅典奥运会第一轮就输了

2003年下半年,二十岁的林丹全面爆发,获得了多个公开赛的冠军。虽然公开赛的冠军不算世界冠军,但有很高的积分,

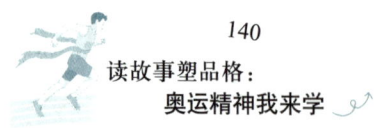

对世界排名以及参加奥运会非常有帮助。

2004年年初，林丹先后在瑞士羽毛球公开赛和全英羽毛球公开赛上夺冠。全英羽毛球公开赛是久负盛名的公开赛，影响力非常大，所有的世界顶尖羽毛球运动员都会参赛。林丹夺冠后，该项赛事官方网站称赞他为"超级丹"，这个称号此后伴随林丹多年。

2004年5月，林丹随中国国家羽毛球队参加男子团体最重要的赛事——汤姆斯杯。在比赛中，林丹五战全胜，为中国队获得阔别10年的冠军。

在接下来的雅典奥运会上，林丹作为羽毛球男单头号选手，成为夺冠大热门。林丹首轮的对手是新加坡选手苏西洛，大家都觉得这个对手实力不强，林丹会很轻松晋级。林丹自己却不这么认为，因为他和对手刚刚在全英羽毛球公开赛半决赛交过手，知道对手韧性很强。

比赛开始了，苏西洛发挥非常好，让林丹非常不适应。林丹试图调整节奏，但始终被对手压着打。0比2，作为奥运会男子羽毛球男单夺冠大热门第一轮就出局了，这让林丹非常痛苦。自己的比赛结束了，林丹发挥了团队精神，每天帮助队友进行赛事准备。

虽然奥运会首轮出局，但林丹并没有沉沦，很快就展示出非凡的实力。2005年苏迪曼杯世界羽毛球混合团体锦标赛在北京举行，中国队在决赛中对阵印尼队。男单比赛是由林丹对阵雅典奥运会男单冠军陶菲克，这是最强者之间的对话，最终林丹以17比15、15比9的比分，总分2比0战胜对手。中国队最终获得苏迪曼杯。

在个人比赛上，林丹发挥也非常出色。2006年在西班牙马德里举行的羽毛球世锦赛，林丹闯入最后的决赛，以总分2比1战胜队友鲍春来夺冠。在第二年的世锦赛上，林丹蝉联冠军。

林丹请队里每个人在球包上写一句鼓励的话

2008年奥运会在北京举行，林丹无论是战绩还是世界排名，都无可争议地成为男单夺冠热门。

但成为夺冠热门有时未必是好事，这会让运动员压力特别大。尤其是东道主选手，会有更大的压力，而林丹在上一届雅典奥运会第一轮出局的惨痛教训，也让他浑身不自在。

有了压力就得发泄出来。有一阵，林丹在训练中情绪非常不好，一旦球打得不顺心，就会把拍子摔掉。为了让林丹顺利渡过心理关，中国羽毛球队决定全队停用林丹所使用型号的羽毛球拍，把所有拍子集中供给林丹一个人使用。林丹的恩师汤仙虎从不在林丹摔拍子的时候训斥他，在一次训练结束时，汤仙虎幽默地对

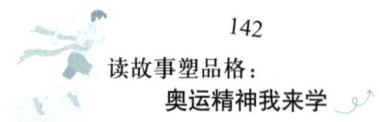

林丹说:"你这么摔下去,就怕厂家都来不及生产了。"这让林丹不好意思起来。

林丹明白一个人的能力是有限的,他希望得到全队的支持,给他一些鼓励。林丹觉得,他既然每天都会用到羽毛球球包,索性就请全队所有队员、教练、工作人员,每个人在球包上写一句鼓励的话。这样,每当他看到这些话时,心中就会充满力量。

北京奥运会开始了,林丹带着球包进入赛场,他无论走到哪里都会听到球迷们的加油声。在主场观众排山倒海般的助威声中,林丹一路打到男单决赛,战胜马来西亚名将李宗伟,成功获得北京奥运会羽毛球男单冠军。

故事 3

朴实球员,制胜奇兵

——女排球员刘晓彤的巅峰之战

在中国女排最关键的一场比赛中,朴实无华的刘晓彤打出了自己职业生涯的巅峰之战,帮助中国女排力挽狂澜,最终中国女排以 3 比 2 的总比分淘汰巴西女排晋级下一轮,为最终夺冠打下了非常扎实的基础。

刘晓彤内心有个疑问:为何换我上场?

中国女排 2016 奥运会夺冠阵容中人才济济,在主攻位置上有队长惠若琪,有世界第一主攻朱婷,在副攻位置上有有"南北长城"之称的徐云丽、颜妮,二传是灵活多变的丁霞,队中还有几位非常年轻的球员张常宁、袁心玥、龚翔宇。刘晓彤是谁，恐怕知道的人不多。

在女排团队里，刘晓彤是最朴实无华的球员之一，每天都按照教练的安排，一丝不苟地完成训练。在比赛时，如果是在场下，刘晓彤就会大声为队友们加油鼓气；如果是在场上，她就兢兢业业完成自己的任务。

在里约奥运会赛场上，中国女排在四分之一决赛对阵东道主巴西女排，当第一局失利、第二局18比21落后时，主帅郎平安排刘晓彤登场。这一次换人起到了非常关键的作用，刘晓彤打出了自己职业生涯的巅峰之战，帮助中国女排力挽狂澜，最终中国女排以3比2的总比分淘汰巴西女排晋级下一轮，为最终夺冠打下了非常扎实的基础。

夺冠之后，刘晓彤内心一直有个疑问：为何郎平指导会换我上场？

1990年，刘晓彤出生于吉林省延边朝鲜族自治州敦化市。受家里人喜欢排球的影响，刘晓彤开始学习排球。

2002年，刘晓彤进入北京101中学，一边上学一边打球。她在训练和比赛中积极主动、勤奋刻苦的作风，打动了球队教练，被推荐进北京女排。这一年，刘晓彤十七岁。

第八章　每一次成功都离不开团队的帮助

每次登场都能完成教练安排的重任

2009年和2011年，刘晓彤两次进入中国女排集训大名单，但都是匆匆过客，很快就离开了。

2013年，曾经的中国女排功勋球员、著名教练郎平执教中国女排，刘晓彤成为第一批入选的球员。2014年，世界女排大奖赛总决赛，郎平把主力球员安排在北京进行训练，派出刘晓彤等替补球员到总决赛比拼。

看到教练安排自己首发上场，刘晓彤心里直打鼓。教练安慰她："你就放开打吧，朱婷她们都在北京呢，没人能替你。"前两场比赛，刘晓彤硬着头皮上场，心里没有底气。到了第四场，刘晓彤突然开了窍，开始主动要球，承担起场上责任。

经过这次赛事历练，刘晓彤成熟了很多。到了2014年女排世锦赛，刘晓彤成为郎平手中重要的砝码，只要安排她上场，她就能坚决执行、贯彻教练安排好的任务。

2015年，刘晓彤一开始并没有进入国家队，但她没有放弃，一直坚持认真训练，等待中国女排的召唤。机会果然来了，那年在美国举行的世界女排大奖赛总决赛，因为队友意外受伤，刘晓彤被紧急招入替补。刘晓彤从北京一个人飞行万里，与队友们在美国奥马哈会合。在比赛中，刘晓彤不负众望，出色地完成了任务。

一个月后，刘晓彤随队出征 2015 年女排世界杯。在第一场对阵塞尔维亚女排的关键时刻，刘晓彤在郎平的安排下替补上场，出色地完成任务，最终中国队以 3 比 1 取得开门红。

通过自己的努力，刘晓彤从国家队边缘球员成长为球队不可或缺的替补球员，为中国女排每一次胜利贡献着自己的力量。

在中国女排最危急时刻充当制胜奇兵

2016 年里约奥运会，刘晓彤进入中国女排十二人阵容，随队出征巴西。

刚到里约热内卢，中国女排在郎平的安排下，与巴西女排打了一场热身赛。由于比赛目的是磨合阵容、适应场地，因此两队商议无论比分如何，双方都要打满五局。前四局，中国女排全部失利，只有第五局刘晓彤上场时赢了。郎平发现，刘晓彤的比赛节奏让巴西队非常不适应，她把这点记在了心里。

中国女排小组赛比得非常不顺，两胜三负跌跌撞撞小组出线，将与巴西女排争夺半决赛权。巴西女排曾对战中国女排 18 连胜，这次又是主场作战，中国女排想取胜非常困难。

中国女排第一局 15 比 25，第二局 18 比 21，郎平冲替补席上的刘晓彤招招手说：上！

刘晓彤刚上场，就成为巴西队重点盯防的球员。然而刘晓彤顶住压力，扣球得分。这个球成功后，大家士气高昂，刘晓彤也越打越顺，发挥了非常好的技术水准，中国女排最终以3比2战胜巴西女排。

在此后的半决赛和决赛中，刘晓彤依然兢兢业业，需要自己上场时就坚决完成任务，为中国女排最终夺冠起到了保障作用。

刘晓彤作为一名替补球员，在球队最危急时刻成功扮演制胜奇兵。刘晓彤认为，陷入绝境之后，只有勇敢往前冲，才能拼出希望。"我可以在需要我冲的时候拿出胆量！我可以在困难面前选择勇敢。"刘晓彤说。

我与奥运

和比赛一样，每位同学在团队中，无论处于一个什么样的位置，只要努力，都能发挥出重要的作用。

有这样一个故事：一个十岁的男孩随队参加足球赛，虽然没能上场，但在比赛时他全心投入为球队呐喊助威；中场休息时，他和队友们一起听教练技术安排，帮主力球员恢复身体；落后时，他鼓励队友不要气馁；在进球后，他和队友们一起庆祝胜利。比赛结束后，他父亲安慰他："可惜你没有上场。"他对父亲说："不，我在场上。"

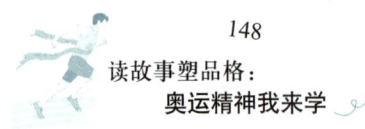

每个人只要全心全意去为团队做出自己应有的贡献，那他就时刻在场上。

思 考

1. 那个男孩为什么说他在场上？

2. 你在集体、团队中执行过什么样的任务？

3. 你觉得团队精神是什么？你为自己在团队中的表现打多少分？

第九章

从一次成功走向下一次成功

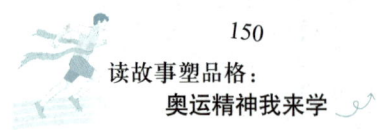

我觉得自己挺努力的，怎么才能一直成功呢？

在体育赛事中，受多方面的制约，想在同一个项目中蝉联冠军非常困难，因此能连续夺冠的人或团队，格外令人尊重。在中国奥运史上，第一个蝉联冠军的选手是体操队的楼云，他在1984年洛杉矶奥运会和1988年汉城（现称为首尔）奥运会上，均获得跳马比赛的金牌。

中国蝉联冠军最多的选手，出自跳水队和乒乓球队。让我们以跳水队为例，看看这些选手在各自的卫冕之路上，都克服了什么困难，有哪些经验可以借鉴。

第九章 从一次成功走向下一次成功

故事 1

最稳定的卫冕冠军

——第一代"跳水女皇"高敏卫冕巴塞罗那奥运冠军

每次比赛,高敏都会有招牌式的微笑,但微笑背后则是强忍伤痛的眼泪。离巴塞罗那奥运会越近,希望她能卫冕冠军的呼声越高,给高敏带来的压力也就越大。

从小喜欢游泳的高敏练上了跳水

中国体育代表团在 1984 年洛杉矶奥运会取得 15 枚金牌,最终列在奖牌榜第三位。这是新中国成立后第一次全面参加的奥运会,可谓战绩彪炳。

四年后的汉城奥运会,当国内观众对中国体育代表团充满期

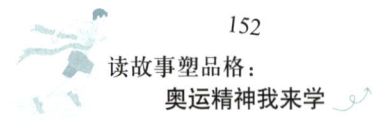

望的时候,他们最终获得 5 枚金牌,其中跳水 2 枚金牌、体操 1 枚金牌,第一次进入奥运会的乒乓球项目获得 2 枚金牌。

在这样的背景下,当中国体育代表团 1992 年出征巴塞罗那奥运会时,国内一些观众对前景有点儿悲观,认为只有高敏参赛的跳水女子三米板比赛才是最稳的夺金项目,其余项目都存在不确定性。

还没比赛,就确定要拿金牌,这怎么可能?这让高敏背负了巨大的压力,而伤病也在侵蚀这位"跳水女皇"的身体。

高敏 1970 年出生于四川省自贡市,这里是恐龙的故乡。高敏有个喜欢体育的父亲,她在父亲的引导下,很小就学会了游泳。

六岁时,高敏进入体校学习体操,但她不喜欢体操,而喜欢游泳。九岁时,学校开设游泳课,高敏可以痛痛快快游泳了。有一次,跳水教练来选材,高敏被选中去跳水。

一开始,练跳水的有几十个孩子,渐渐地,有的孩子因学业重放弃了,有的孩子因跳水太辛苦不练了,有的孩子因难度上来跟不上了,人越来越少,最终只剩高敏一个人,她开始跟着大一点儿的孩子一起练。

高敏十岁的时候,参加了四川省的一次跳水比赛,这是高敏人生的第一次赛事,她迷人的微笑让大家牢牢记住了她。

第九章 从一次成功走向下一次成功

带着迷人的微笑获得汉城奥运会冠军

高敏进入省队后，不仅拿到了全国冠军，而且在世界青年比赛中获得女子一米板和三米板 2 枚金牌。

1985 年年底，高敏进入国家队。国家队里人才济济，竞争非常激烈。队里经常进行弹网比赛，即从空中跳下来，看谁能跳到网中的指定位置。队员们分两组比赛，输的一组要接受惩罚。

高敏刚入国家队时，没人愿意和高敏一组，觉得她会拖大家后腿。高敏很不服气，她每天早上都会比别人早到十分钟，在准备时间中再节约出十分钟，高敏用这二十分钟专门进行弹网练习。每次训练，高敏总是第一个到，最后一个离开。

一个月后，队里又进行了一次弹网比赛，没人要的高敏每个动作都完成得非常好，成为队中获胜的重要力量。这个表现，让教练和队员都对高敏刮目相看。

1986 年年初，高敏第一次以国家队成员身份，出国参加了两个公开赛。第一次参加世界比赛，高敏大开眼界，发现自己的动作竟然频频得到裁判的高分，她信心十足。

9 月份的马德里世界游泳锦标赛，高敏以预赛第一名的身份进入女子三米板决赛。从第一个动作开始，高敏发挥就特别稳定、出色，在最后一跳前，她已经领先别人几十分。当做完最后一个动作浮出水面，高敏灿烂的笑容征服了赛场上每一个人，也通过

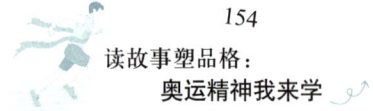

电视信号走进千家万户。

1988年,高敏随中国跳水队参加了汉城奥运会。尽管中国队前期战绩不佳,所有人内心都压着一块大石头,但高敏依旧以出色的发挥获得女子三米板奥运冠军,伴随冠军的,依然是那迷人的微笑。

带着一身伤病和满满压力,高敏卫冕冠军

汉城奥运会夺冠时,高敏才十八岁,正值运动生涯的巅峰期,在国际国内赛场罕逢对手。以这样的条件再征战四年参加1992年巴塞罗那奥运会,本来没有任何问题,但高敏却因为压力太大打起了退堂鼓,向教练表达了要退役的愿望。

教练什么都没有说,年底的时候带领中国女子跳水队队员前往西沙群岛,与守卫边疆的战士们同吃同住,接受爱国主义思想教育。高敏看到战士们在这么艰苦的条件下,依然坚守岗位,履行保卫国家的职责,深受感动,下定决心再拼四年。

在接下来的四年,高敏给别人的感觉依然是战无不胜,但只有熟悉她的人才知道,那是忍着很多伤痛取得的成绩。

1990年北京亚运会后,高敏先后出现腰伤和肩伤。考虑到1991年年初举行的珀斯游泳世锦赛很快就要开始了,高敏担心自己的情况有可能连决赛都进不去,因此向队里请求换人参赛。

第九章　从一次成功走向下一次成功

最终，高敏在队里的帮助下，还是站到了世锦赛的赛场上。尽管胳膊疼得厉害，已经很难伸直，但高敏仍咬牙坚持比赛，最终获得了女子一米板和三米板 2 枚金牌。

每次比赛，高敏都会有招牌式的微笑，但微笑背后则是强忍伤痛的眼泪。离巴塞罗那奥运会越近，希望她能卫冕冠军的呼声越高，给高敏带来的压力也就越大。

在巴塞罗那奥运会女子三米板比赛的预赛中，高敏因为动作失误，排在第三位。在世界大赛上，高敏还是很少出现这样的情况。赛后，高敏给国内的朋友打电话倾诉她面临的伤痛和压力。

在决赛时，高敏振作精神，在第七跳抓住对手失误的机会反超，最终获得金牌，成为中国跳水队第一个卫冕奥运冠军的运动员。

故事 2

读书时代与跳水人生

——伏明霞的奥运故事

1998年,伏明霞有了复出的念头,但她割舍不下自己的学业。经过半年的思考,伏明霞决定一边读书,一边训练,这是非常艰难的决定,但伏明霞一直没有放弃。

拉韧带的时候伏明霞疼得直哭,但仍咬牙坚持

如果说高敏卫冕最大困难来自压力和伤病,那比她小八岁的伏明霞又面临什么困难呢?

伏明霞是中国奥运史上年龄最小的奥运冠军,她在1992年巴塞罗那奥运会获得女子十米跳台冠军时,还不满十四周岁。伏

第九章　从一次成功走向下一次成功

明霞是中国第一个在三届奥运会上夺冠的选手。2000年悉尼奥运会前，伏明霞已经退役，她为什么又选择复出呢？

和高敏一样，伏明霞一开始练的也是体操。不过高敏是因为不喜欢而放弃，伏明霞是因为身体条件原因而被迫离开体操。

伏明霞是高敏之后又一代"跳水女皇"，她1978年出生于湖北省武汉市。武汉是一座历史名城，也诞生了很多体坛名将。

伏明霞小时候，和姐姐伏明燕一起被父亲送去学体操。姐姐身体匀称、爆发力强，是个学体操的好材料，很快就进入了省体操队。但伏明霞因关节柔韧度不理想，体操之路走不通了。

七岁的时候，伏明霞被跳水教练选中，可这时她还不会游泳呢。伏明霞父亲想了一个办法，在伏明霞腰上拴了一根绳子，另一端缠在自己手里，让她在游泳池里扑腾。一周以后，伏明霞高兴地宣布，她学会游泳了。

学跳水也离不开拉韧带。跳水虽然没体操那么高的要求，但韧带打不开，很多动作就都没法做。伏明霞每天晚上让父母在自己腿上坐着，虽然疼得直掉眼泪，但仍咬牙坚持。

不到十四岁成为最年轻的跳水奥运冠军

伏明霞人生的第一次比赛，成绩并不理想，但教练却觉得她遇到比赛一点儿都不慌，稳稳的，像个成熟的老队员。

1987年9月，伏明霞进入湖北省跳水队，师从著名教练于芬。几个月后，于芬进入国家队，把伏明霞也带到了北京。伏明霞虽然年龄小，但是进步却很快，胆子也大，在十米跳台上做起高难度动作，一点儿都不打怵。

　　1991年年初，十二岁的伏明霞跟着比她大七岁的汉城奥运会十米跳台冠军许艳梅一起出征游泳世锦赛。1月4日，伏明霞在女子十米跳台上获得金牌，成为世界上年龄最小的世界冠军。伏明霞夺冠后，一同参赛的各国大姐姐们都纷纷来和这位小冠军拥抱。

　　1992年，伏明霞在巴塞罗那奥运会获得女子十米跳台金牌，这是奥运史上最年轻的跳水冠军，那时她还不到十四周岁。

　　四年后的1996年亚特兰大奥运会，伏明霞同时出征女子十米跳台和三米跳板两项赛事。十米跳台非常高，在下落过程中可以有足够的时间做高难度动作。三米跳板虽然低，但是跳板有弹性，选手可以通过压板跳起，再做动作。在奥运历史上，能在一届奥运会上同时获得跳台和跳板冠军的选手寥寥无几。

　　出征前，伏明霞的身体状况虽然不佳，但依然表现出上佳水准。在女子十米跳台决赛中，伏明霞一路领先，没有遇到对手挑战，成功卫冕冠军。

　　几天后的女子三米跳板比赛，伏明霞因为劳累，在预赛中仅获得第四名。在决赛中，伏明霞的比分一直和对手的比分咬得很紧，形势非常紧张。最终，她的对手在压力之下动作变形，跳出一个低分，而伏明霞最后一跳非常完美，获得该项冠军。

伏明霞一面读书一面割舍不下跳水比赛

亚特兰大奥运会之后，伏明霞决定急流勇退，进入大学读书。在清华大学，伏明霞不用再每天忙于训练，有了大把时间去学习和思考。除了上课，伏明霞可以自由支配自己的业余时间，她非常享受这样的生活。

但时间长了，伏明霞发现自己对跳水还是割舍不下，仍然关心中国女子跳水队在世界大赛上的表现。1998年1月，游泳世锦赛在澳大利亚的珀斯进行，这时伏明霞正面临期末考试，但她仍抽空看了比赛。

此后，伏明霞有了复出的念头，正好中国女子跳水队这时也需要伏明霞这样有经验的老将。但让伏明霞割舍不下的还有自己的学业，她不想半途而废。经过半年的思考，伏明霞决定一边读书，一边训练。1998年7月，伏明霞找到已担任清华大学跳水队教练的于芬，表达了自己要复出的愿望。

复出的第一步是减肥，要让体重降到能参赛的程度。那年暑假，伏明霞没有回家，而是天天在校园里跑步、训练力量，同时

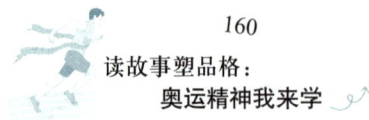

还要减少饭量。经过一个假期的努力，伏明霞成功地把体重减了下来。

开学后，伏明霞每天上午去上课，中午再坐班车赶往训练馆。从学校到训练馆路上要一个小时，伏明霞加紧在车上睡一会儿。等训练完回到学校宿舍，已经是晚上9点多了，可伏明霞还得抽空完成学校布置的作业。

经过努力，伏明霞状态恢复很快，九个月后就获得了全国冠军，在世界大赛上也多次获得金牌。

2000年悉尼奥运会，二十二岁的伏明霞在女子三米跳板决赛中，战胜队友郭晶晶，又一次卫冕成功。这是伏明霞获得的第4枚奥运金牌，她也成为中国第一位连续三届奥运会夺冠的运动员。

故事 3

奥运四连冠 青春永不老

——吴敏霞奥运夺 5 金的传奇运动生涯

在奥运会的舞台上,想蝉联冠军非常困难。在同一项目上实现三连冠,对一个运动员来说难上加难。那要是四连冠,该有多难呢?

憧憬能像伏明霞一样站到最高领奖台

1985 年,吴敏霞出生于上海市徐汇区。她从小长得像洋娃娃一样可爱,被家人爱称为"妹妹"。

南方人都喜欢水,吴敏霞也不例外,她从小喜欢玩水。六岁时,吴敏霞被教练选去学跳水,这让喜欢玩水的吴敏霞非常开

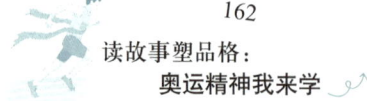

心。教练觉得，吴敏霞的身材非常优美，柔韧性又好，是个天生的跳水好材料。

吴敏霞第一次站在十米跳台上，心里觉得有点儿怕。第一次跳下去以后，吴敏霞心里有了底，感觉就像坐电梯，反而没那么怕了。

1992年，伏明霞在巴塞罗那奥运会获得女子十米跳台冠军，这让刚刚开始学跳水的吴敏霞印象深刻。在上海话里，伏明霞名字的发音和吴敏霞名字的发音几乎一致，吴敏霞希望有朝一日也能像伏明霞一样站到奥运赛场上。

天生聪慧的吴敏霞不负众望，在同龄的孩子里很快脱颖而出。吴敏霞又特别能吃苦，教练布置的任务，不管多难她都会努力去完成。1995年，吴敏霞进入了上海队。锤炼三年后，她又进入了国家队，这一年她只有十三岁。

进入国家队后，吴敏霞却遇到了生理上的问题，经体检，她的血红素偏低，只有十克多一点，属于先天性贫血，这样的身体情况是没有办法进行体育专业训练的。

眼看要被退回去，吴敏霞急得直哭。好在经过反复观察，队里最终同意接受吴敏霞。

看到自己身体素质比别人差，吴敏霞不甘心，她练得非常用心，为增加自己的弹跳力，她不停地练。有时实在太压抑了，吴敏霞也会哭，但哭完她又接着练习。

第九章　从一次成功走向下一次成功

搭档郭晶晶两度获得奥运会双人跳冠军

2001年,十六岁的吴敏霞身体发育,个子也长高了。高个子意味着做相同动作需要付出更多努力,但吴敏霞从不放弃。每天10个小时训练,吴敏霞再累都会咬牙坚持。训练之后,吴敏霞还要进行理疗,每天的时间都被安排得满满的。

伏明霞退役后,原来和她搭档女子双人三米跳板的郭晶晶要选一名新搭档。跳水队最终选择了和郭晶晶身材相仿、技术特点相似的吴敏霞。

郭晶晶比吴敏霞大四岁,已经征战过两届奥运会。吴敏霞与郭晶晶相比资历尚浅,因此她背负了很大的压力。为了和郭晶晶步调保持一致,吴敏霞更改了走板方式,甚至连发型也向郭晶晶靠拢。

郭晶晶深知吴敏霞面临的压力,耐心地和吴敏霞一遍又一遍训练,每次训练两个人都走得最晚。双人跳水最重要的是同步,吴敏霞和郭晶晶配合也越来越默契,从走板、起跳到入水,就像是一个人在比赛。

配合仅仅四个月,吴敏霞和郭晶晶就获得了2001年日本福冈游泳世锦赛女子双人三米跳板冠军。吴敏霞还获得了女子三米跳板的亚军,冠军则被师姐兼搭档郭晶晶获得。

2004年雅典奥运会,吴敏霞和郭晶晶搭档获得了女子双人

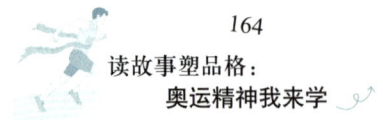

三米跳板冠军,实现了自己儿时的梦想。

才十九岁的吴敏霞当然要开启自己的卫冕之路,除了双人跳,她也加紧单人赛事的练习,期望能有所突破。

但在新的奥运周期,吴敏霞多次受到伤病困扰,尤其是2007年墨尔本世界游泳锦标赛前,吴敏霞身体各部位接二连三受伤,让她的状态受到非常大的影响。好在跳水队给了吴敏霞充分信任,依旧派她参加了世锦赛。在世锦赛上,吴敏霞和郭晶晶成功卫冕女子双人三米跳板冠军。

2008年北京奥运会,吴敏霞搭档郭晶晶卫冕女子双人三米跳板冠军,吴敏霞个人也获得了女子三米跳板铜牌。

四届奥运会获得5金,吴敏霞成为传奇人物

北京奥运会后,郭晶晶退役,吴敏霞要重新选搭档。换个搭档,意味着一切要从头开始。面对小自己五岁的何姿,吴敏霞像当年郭晶晶带自己时一样,耐心呵护何姿成长。

吴敏霞之所以坚持,是想圆自己在女子三米跳板的冠军梦。两届奥运会,吴敏霞在个人项目上获得了1枚银牌、1枚铜牌,她想站到最高领奖台。2011年在上海举行的世界游泳锦标赛上,吴敏霞获得了女子三米跳板金牌,这是她第一次在世界大赛上获得个人项目的冠军。

第九章 从一次成功走向下一次成功

在 2012 年伦敦奥运会上,吴敏霞实现了女子双人三米跳板赛事的三连冠,并第一次获得个人比赛的金牌。

已经奥运三连冠了,吴敏霞什么时候退役呢?这个问题不止一次被人追问。如果再奋斗四年,到 2016 年里约奥运会,吴敏霞将三十一岁。中国跳水队当时还没有人在三十岁以后还能征战奥运舞台。

这时吴敏霞的搭档换成了岁数更小的施廷懋,两人再一次体现了极高的配合度。在 2013 年和 2015 年两届世界游泳锦标赛上,吴敏霞与施廷懋在女子双人三米跳板比赛中两度夺冠。

当吴敏霞以七届世锦赛获得 8 枚金牌的傲人战绩谢幕时,她已经三十岁。但吴敏霞还想再拼搏一次奥运会,作为一个四次参加奥运会的老将,伤病已是家常便饭,但她持久的求胜心一直激励着她。很难有运动员能保持那么久的必胜信念,以及十几年高水平的竞技状态。2016 年 5 月,里约奥运会已近,吴敏霞却意外受伤,腿上留下一个十厘米长的伤口。这打乱了吴敏霞的备战节奏,她自己也急得不行,伤后第五天就下水训练了。毕竟五天的恢复时间实在太短了,一用力伤口又裂开了。尽管医生建议不要练了,可是吴敏霞一天不练就放心不下。终于在里约奥运会之前,吴敏霞不仅养好了伤,也保持住了比赛状态。

在里约奥运会上,吴敏霞和搭档施廷懋在女子双人三米跳板

读故事塑品格：
奥运精神我来学

比赛中以完美表现夺冠,这是她在这个项目上第四次夺冠。吴敏霞也以四届奥运会5枚金牌、1枚银牌、1枚铜牌的成绩,成为中国奥运史和世界跳水史上的传奇。

我与奥运

在我们求学生涯中会有很多重要的时间节点,比如中考或者高考,但没有一个节点是胜利的终点。中考胜利了,后面还有高考;高考胜利了,后面还有社会对我们的考验。

从胜利走向胜利,可能比从失败走向胜利还要困难,因为人总会有懈怠心理。1996年亚特兰大奥运会前,刘国梁去看望住院的教练。教练告诉他,中国乒乓球队征战奥运会的名单下来后,不要看到自己能参加奥运会就松懈下来,参加奥运会不是目标,在奥运会上打出成绩才是目标。

时刻严格要求自己,时刻保持求胜心态,是非常难能可贵的品质。面临胜利,喜悦之后仍能严格要求自己,而不是就此放松,更是一种难能可贵的品质。

思 考

怎样才能让自己始终有一颗求胜的心呢?

第十章

体育让我们更爱国

读故事塑品格：
奥运精神我来学

每当国歌响起、国旗升起，每个人的爱国热情都会被激发。

在体育比赛中，赛事的主办方会为获得冠军的选手奏响其国家的国歌，升起前三名选手国家的国旗。

郎平在执教中国女排时，告诉队员们，我们是为祖国、为人民而战斗，每一次比赛，都要力争让国歌响起来，如果不能实现这一目标，也要想办法让国旗升起来。

当中国运动员站在领奖台上，眼望五星红旗升起，耳边是雄壮的《义勇军进行曲》，这个庄严肃穆的场景会让每个中华儿女的爱国热情油然而生。

在田径赛场，王军霞身披国旗在赛道上奔跑，刘翔身披国旗一跃跳上领奖台；在乒乓球赛场，孔令辉亲吻球衣上的国旗；在射击赛场，杨倩在领奖台上比心；还有无数奥运健儿赛后热泪盈眶……这一切，都让我们更爱我们的祖国。我们的祖国强大了，我们才能更强大，我们的运动健儿在赛场上才能走得更远。

第十章 体育让我们更爱国

故事 1

王军霞身披国旗在赛场飞奔

——"东方神鹿"获得欧文斯奖、1996 年奥运会冠军

王军霞夺冠后,身披国旗,然后微笑着绕场致意,这一举动也成为中国奥运史上一个永恒的经典画面。

王军霞从小跑着去上课

田径比赛有"运动之母"的称呼,最早的运动基本都是从田径开始的。奥运会比赛,田径是第一大项,有四十多个夺金项。田径分为田赛和竞赛两大类:田赛又分为跳和投两类,竞赛分为跑和走两类。

中国体育的田径基础很薄弱,在跑、跳、走、投四类中,跑

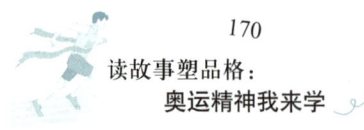

读故事塑品格：
奥运精神我来学

的基础最薄弱。在跳的项目上，朱建华曾在男子跳高项目上打破世界纪录并获得世锦赛冠军；在走的项目上，陈跃玲在女子10公里竞走项目上为中国获得第一枚田径奥运金牌；在投的项目上，李梅素、黄志红在女子铅球项目上有不俗的表现。但在跑的项目上，中国体育基础非常薄弱。

王军霞是跑步项目上具有世界影响力的中国运动员，她向世界展示了中国运动员的精神风貌，因杰出的成绩、优美的跑步姿态和自信的微笑，王军霞被称为"东方神鹿"。

王军霞1973年出生在吉林省蛟河市。王军霞从小喜欢跑步，平时就爱和同学们比个高低。学校开运动会时，王军霞都会报名参加各种比赛，拿着因获得冠军而得到的铅笔、橡皮等文具，她都会特别高兴。

十二岁的时候，王军霞随父亲回到辽宁省大连市的老家。搬家后，王军霞的学校离家有四公里远，天生爱跑步的王军霞每天跑着去上学。时间长了，王军霞可以一边跑，一边和骑着自行车的同学聊天。

1988年，王军霞在一次大连市的田径选拔赛上获得女子1500米比赛冠军。看到一个陌生的面孔夺冠，很多田径教练都愣住了。赛后，大连市业余体校的教练找到了她，经过身体检测后，教练发现王军霞虽然瘦小，但肺活量却特别大，心肺功能都非常好，是个练田径的好苗子。

刚进体校时，王军霞因为此前没有受过专业训练，身体力量和协调性都不够好，也受到一些人的质疑。但王军霞训练非常刻苦，每天早上天刚刚亮就爬起来晨跑，一时一刻都不偷懒。接受正规训练后，王军霞进步迅速，开始在一系列青少年赛事中崭露头角。

因出色表现获得田径最重要奖项

1991年，王军霞在一次全国性比赛中成绩优异，被选入辽宁省田径队。但没多久，王军霞就被查出肝炎，这种病很影响运动员的运动寿命。王军霞还能不能继续练，队里也不得不认真考虑。

因为王军霞是个非常优秀的中长跑人才，辽宁省田径队决定先给王军霞治病，等病好了再试试是不是还能出成绩。病好之后，王军霞用实际行动回报了对她充满期待的人，她进行了大量艰苦的训练，提高了自己的水平。1992年9月，王军霞获得世界青年锦标赛女子10000米金牌，开始在世界大赛上崭露头角。

王军霞的成功没有秘诀，她是靠勤奋来取得这一切成绩的。从1992年10月到1993年4月的半年时间里，王军霞跑了114个马拉松，相当于两天跑一次，这个运动量放在任何一位田径运

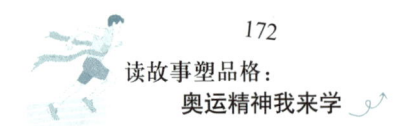

动员身上，都非常令人吃惊。

1993年8月，王军霞参加了德国斯图加特田径世锦赛，获得女子10000米比赛金牌，这是王军霞获得的第一个世界冠军。9月份的全国运动会，王军霞在4天时间里先后打破女子10000米和女子5000米世界纪录，让人瞩目。

因为杰出的成绩，王军霞获得杰西·欧文斯奖，这是田径界分量最重的奖项，这个奖颁发给每年在田径比赛中表现最优秀的运动员。杰西·欧文斯是二十世纪三十年代最优秀的田径运动员，曾在1936年柏林奥运会获得男子100米、200米、4×100米接力赛和跳远4枚金牌，被称为"黑色闪电"。这个奖项就是以他的名字命名的。

1994年1月底，王军霞飞往美国领奖，在接受媒体采访时，她向美国记者介绍了中国体育的飞速发展，也介绍了中国日新月异的变化。在颁奖晚会上，王军霞发表了热情洋溢的感谢词，感谢祖国对自己的培养，以及教练团队和亲人对自己的帮助。

离终点不远时王军霞高举双手向观众致意

1994年下半年，王军霞进入运动生涯的调整期，成绩下滑，状态难以保持。她的运动状态让很多人担忧，在相关部门关心和协调下，改由老教练毛德镇执教王军霞。

第十章 体育让我们更爱国

初次见毛德镇的时候，王军霞就表达了自己想重回运动巅峰的愿望，为了实现这一目标，无论多苦多累都能忍受。毛德镇也告诉王军霞，他是一个严厉的教练，运动量会非常大，想获得成功，就必须有坚定的意志力。

有一次训练，王军霞跑得实在太累了，400米一圈的跑道，她已经跑了26圈。王军霞开始跑得摇摇晃晃，毛德镇让王军霞慢下来，但并不是马上休息，而是慢跑恢复体力，这样可以尽快缓解疲劳。在毛德镇"继续慢跑"的命令声中，王军霞发现自己却怎么都迈不开腿，只能扶着栏杆喘气。

奥运会前，毛德镇带领王军霞前往青海多巴国家高原体育训练基地训练。在高原上训练，可以锻炼心肺功能，但同时因在缺氧环境下进行高强度训练，也很容易引起食欲不振。为了让王军霞摄入足够的蛋白质，毛德镇在食谱上绞尽脑汁，不时给她变换口味。

在毛德镇的指导下，王军霞找回了状态。在奥运会选拔赛上，王军霞在女子5000米和10000米比赛中都创造了当年世界最好成绩，获得了亚特兰大奥运会参赛权。虽然训练很辛苦，但已经初见成效，王军霞觉得这些付出都非常值得。

1996年7月28日晚，王军霞参加了亚特兰大奥运会女子5000米决赛。在比赛中，王军霞按照教练的战术安排，先是不读故事塑品格：
奥运精神我来学

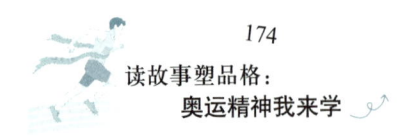

急不慢地跟跑，在比赛还剩 800 米时，突然加速，甩开了最主要的竞争对手。最终王军霞越跑越快，一路领先，把第二名远远甩在身后。离终点不远的时候，王军霞举起双手，一面向观众致意，一面冲过终点。

王军霞夺冠后，一名看台上的中国留学生向她抛去一面中国国旗。这位留学生是为了看王军霞的比赛特意来的。

王军霞接过国旗，把它抖开披在身上，然后微笑着绕场致意，这一举动也定格为中国奥运史上一个永恒的经典画面。

故事 2

"要让外国裁判看得起我们"

——刘翔的爱国情怀和励志经历

看完录像,裁判向刘翔道歉,并恢复了他的成绩。刘翔虽然嘴上没说什么,但心里却想,为什么我们中国人、亚洲人就要被人看不起呢?刘翔决心用成绩证明"我们绝不会比别人差"。

刘翔天生跨栏节奏感非常好

奥运会的田径比赛,只有男子和女子 100 米,以及男子 110 米栏与女子 100 米栏四个项目是直道项目,由于距离短、没有弯道,因此这几项比赛时间都非常短,看起来紧张、刺激。

刘翔 1983 年出生于上海,从小就爱运动。有一次,刘翔和

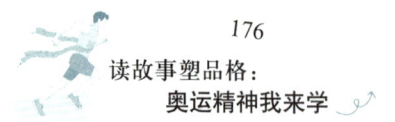

同学们在操场上疯跑，极强的爆发力吸引了学校的体育老师，他被招入校田径队。

没多久，区体校的老师到学校招生，看中了刘翔，于是他开始了专业的田径训练。不过一开始，刘翔的主项是跳高，兼项是100米。

有一次，刘翔在上海市青少年田径比赛中，获得男子100米亚军。虽然没能夺冠，但刘翔跑步的节奏感非常好，打动了上海市体校的一位老师。赛后，这位老师找到刘翔，劝说刘翔进入市体校，但项目从跳高改为110米栏。

上海市男子110米栏的成绩非常好，亚洲跨栏王陈雁浩就是在教练孙海平的带领下，在上海进行跨栏训练。有一次，孙海平看到刘翔训练，发现他跨栏的动作非常协调，就留意起他来。孙海平当时正要准备一个国际比赛，准备赛后把刘翔招到自己的身边进行训练。但孙海平回来以后，发现刘翔不见了。原来刘翔的家人都希望他认真读书将来考大学，因此转学了。

孙海平到刘翔家里登门拜访，他对刘翔父亲说，刘翔天生跨栏的节奏感非常好，这种感觉靠练是练不出来的，有这种天赋，要是不去练跨栏就可惜了。在孙海平的劝说下，刘翔又回到了体校。

被裁判误判，刘翔决定用成绩来证明自己

在孙海平的指导下，刘翔很快进入上海市一线队。但到了一

线队,刘翔发现自己年龄最小,底子也最差。

在进行力量训练时,要把杠铃举在脖子后面做高抬腿动作,按照训练标准,杠铃要加到50公斤。但刘翔连一片杠铃片都加不上去,只能举着杠铃的杆子进行练习。杠铃杆本身重20公斤,压在脖子后面的骨头上,刘翔疼得直咧嘴。但听到教练说这是必须完成的基础训练时,刘翔咬紧牙关坚持练,杠铃片也一片一片加上去,最终达到了50公斤标准。

2000年11月,十七岁的刘翔参加了在法国里昂进行的比赛。起跑以后,刘翔感觉有人摔倒了,但他来不及看,到终点后,刘翔获得第三名。当刘翔抬头看大屏幕时,却发现自己没有成绩。刘翔惊呆了。

孙海平带着刘翔去找裁判申诉,裁判却一口咬定摔倒的人是刘翔。这个比赛级别不高,因此比赛既没有直播也没有视频资料。刘翔去参赛就是为了积累比赛经验,怎么能证明自己的清白呢?孙海平变戏法一样拿出一盘录像带。原来孙海平为了研究刘翔的比赛状况,特意把整个比赛过程都录了下来。

看完录像,裁判向刘翔道歉,并恢复了他的成绩。刘翔虽然嘴上没说什么,但心里却想,为什么我们中国人、亚洲人就要被人看不起呢?刘翔决心用成绩证明"我们绝不会比别人差"。

2002年7月,刘翔在瑞士洛桑举行的国际田联大奖赛上,以 13.12 秒的成绩获得亚军。这个成绩打破了亚洲纪录，同时打破了世界青年纪录。

"我现在证明给世界看了，我们一样能拿冠军"

美国选手阿兰·约翰逊是当时跨栏项目的王者，当刘翔成绩越来越好时，和阿兰·约翰逊交手的机会也越来越多。

2002 年，刘翔在希腊首都雅典举行的一次比赛中，第一次和阿兰·约翰逊同场竞技，可惜的是，刘翔起跑后很快摔倒了，没有成绩。

2003 年，刘翔成绩稳步上升，虽然始终没能超越阿兰·约翰逊，但往往能获得前三名。刘翔出色的成绩也引起了阿兰·约翰逊的注意。一次比赛后，阿兰·约翰逊主动来找比自己小十二岁的刘翔，微笑着搂住他的肩膀。

2004 年 5 月 8 日，在日本大阪国际田联大奖赛上，刘翔第一次战胜了阿兰·约翰逊，这次胜利鼓舞着刘翔，他决心要在即将举行的雅典奥运会上再次战胜阿兰·约翰逊。

在雅典奥运会男子 110 米栏预赛时，正在准备上场比赛的刘翔听到一个惊人的消息：阿兰·约翰逊在他之前的一组小组赛中摔倒出局了。刘翔听到这个消息很是震惊，在准备比赛的时候有点儿走神，以至于抢跑了。

赛后，刘翔表示，阿兰·约翰逊出局给他带来的不是惊喜而是悲伤，当自己全力以赴准备战胜一个对手时，那个对手却突然缺席了，刘翔内心非常失落。

男子110米栏决赛也是一波三折。一开始，当大家聚精会神准备起跑时，突然有人向裁判示意要重新起跑，于是大家重新站起来活动一下后，再次蹲下。这次枪响了，但紧接着又响起示意有人抢跑的第二声枪响。这种干扰很容易打乱运动员的节奏，但刘翔丝毫没有受到影响。枪响以后，刘翔起跑非常快，三个栏以后已经跑到第一名。当刘翔最终冲过终点时，大屏幕赫然显示，刘翔跑出12.91秒，不仅夺冠，而且平了科林·杰克逊的世界纪录。

看台上很多中国观众向刘翔挥舞国旗，刘翔接过一面五星红旗披在身上，右手握成拳头，一边跑一边晃动拳头向看台致意。

面对记者，刘翔发现自己嗓子干得已经说不出话了。他想起四年前在法国被裁判误判的那一幕，泪如泉涌："谁说我们拿不到冠军？我现在就证明给全世界看了！我们一样能够拿冠军！"随后，刘翔挥臂高喊："中国有我，亚洲有我！"

在颁奖仪式上，刘翔一直身披着国旗，当听到自己的名字，他一下子跳上了最高领奖台。国际奥委会副主席何振梁为刘翔颁奖，他把金牌挂在刘翔脖子上的时候，流着泪说："中国人民谢谢你！"刘翔的眼泪一下子又涌了出来。

故事 3

一旦祖国需要就毫不犹豫复出

——"跳水王子"熊倪的奥运征程

1997年全运会后,熊倪决定退役,但他同时表示,只要祖国需要,自己将毫不犹豫选择复出,为国家做出贡献。

第一次站到跳板上,熊倪腿打颤不敢跳

熊倪1974年生于湖南长沙,七岁的时候被体校老师选去学跳水。

第一次上跳板,小朋友们都觉得又刺激又害怕,从上往下看的时候一个个胆战心惊。在教练一再督促下,小朋友们一个接一个往下跳,但"啊""啊"的惊叫声接连不断。熊倪也双腿打颤,

第十章 体育让我们更爱国

不敢向前迈步。在教练一再督促下，才不情愿地跳下去。

几次之后，熊倪越来越害怕，自作主张决定不去了。本来熊倪每天放学后要去训练，但他这一次没有去体校，又不敢回家。于是熊倪背着书包在外面闲逛，逛到菜市场就看大爷们下棋。菜市场要关门了，熊倪才不情愿地回家。平时熊倪到家要七点多，这次六点多就回来了，父母觉得很奇怪。熊倪编了一个理由搪塞过去了。接下来的每一天，熊倪都会寻找新的理由。

周末的时候，熊倪父亲送熊倪去体校训练，眼看着要穿帮了，熊倪极不情愿地跟在父亲身后。教练看到熊倪就问："你这一周干什么去了？再不来就要被开除了。"熊倪父亲这才恍然大悟，回家以后对熊倪进行了批评教育。

熊倪的天赋非常好，学习动作要领也很快，深受教练的喜欢。1983年，教练进入湖南省队执教，把熊倪也带去了，从此熊倪开始正式的专业训练。

熊倪十一岁的时候，他的一个师姐因为成绩好被选入中国跳水队，教练也要一同进京。教练非常看好熊倪的未来，因此为熊倪争取了在国家队"代训"的机会，即跟着国家队教练训练，但不算国家队正式队员。

在国家队，看门的阿姨看到熊倪每天进进出出去训练，很同情他，就问他："熊倪，你什么时候也能进国家队呢？"这也是

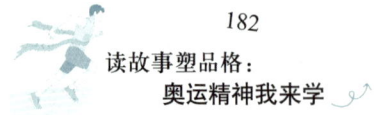

熊倪非常想知道的答案。1986年年初，教练告诉熊倪，国家队觉得他悟性好、基本功扎实，决定吸收他进入国家队。

两届奥运会没能登顶，熊倪决定再拼一把

经过两年训练，熊倪成熟了很多，在国内外的比赛中也屡屡取得好成绩。1988年汉城奥运会参赛名额的两次选拔测试，熊倪都获得第一名，最终获得了奥运会参赛资格。

十四岁的熊倪站在奥运赛场上，并没有太大的压力，想到自己要和美国跳水巨星洛加尼斯一起比赛，他觉得非常兴奋。

洛加尼斯是1984年洛杉矶奥运会男子三米跳板和十米跳台双料冠军。但在汉城奥运会，洛加尼斯第一场比赛就发生了意外，在三米跳板预赛中他后脑不小心磕到跳板上，当即血染泳池被送往医院。

在此后的决赛中，洛加尼斯得到观众和裁判的极大同情，从而获得了三米跳板冠军。

这种同情也延续到十米跳台决赛中。倒数第二跳结束后，熊倪依然领先洛加尼斯3分，但在最后一跳，洛加尼斯获得了一个非常高的分数，以1.14分的微弱优势战胜熊倪夺冠。很多选手认为这个结果不公平，比赛结束后，几名外国运动员和教练走向熊倪，握住他的手说："你是真正的冠军。"洛加尼斯也对中国

跳水教练说:"对不起。"

汉城奥运会归来,外国媒体纷纷认为熊倪将是未来跳水项目上的霸主。但在四年后的巴塞罗那奥运会上,十四岁的孙淑伟横空出世,获得男子十米跳台冠军。熊倪最终获得第 3 名。

两届奥运会铩羽而归,熊倪内心很痛苦,他内心有强烈的求胜欲望,不甘心就这样退役。当时已经有人帮助熊倪联系好上学的学校,但熊倪割舍不下跳水事业,最终放弃了学业。

1995 年,中国跳水队因为跳板项目人才缺乏,希望熊倪能从跳台项目转向跳板项目,这也符合跳水运动的客观规律,随着年龄增长,一些选手都会从跳台转向跳板。

在此前中国男子跳水队参赛的三届奥运会上,只有男子三米跳板比赛,中国选手一直未能获得冠军,熊倪准备去拼搏一下,为中国男子跳水队在这个项目上创造佳绩。这一搏,熊倪也为自己搏来了机遇。

当国家需要时,熊倪毅然选择复出

1996 年亚特兰大奥运会,熊倪原本想同时参加跳台和跳板两项比赛,但在国内选拔赛时他却不巧生了病。熊倪经过权衡以后,决定放弃跳台比赛,专心准备跳板比赛。

亚特兰大奥运会跳水规则改革,缩短了决赛比赛的轮次,但

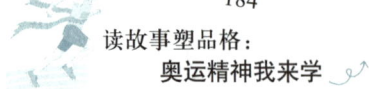

在预赛和决赛之间增加了半决赛。熊倪预赛和半决赛均以第一名晋级，在决赛中，他完美发挥获得金牌。

奋战三届奥运会最终获得金牌，熊倪很高兴也很感慨，站在领奖台上，他的眼泪止不住流了下来。1997年全运会后，熊倪决定退役，但他同时表示，只要祖国需要，自己将毫不犹豫选择复出，为国家做出贡献。

半年多以后，中国跳水队找到熊倪，希望他能够复出，发挥老队员传、帮、带的作用，贡献自己的力量。看到国家需要自己，熊倪毅然决定复出，开始恢复训练。

2000年悉尼奥运会跳水比赛改革，增加了双人比赛，金牌总数从4枚增加到8枚。熊倪也加大了训练量，除了参加男子三米跳板训练，还与肖海亮搭档男子双人三米跳板，同步训练。

2000年悉尼奥运会，作为王者之师的中国跳水队出师不利，前三项比赛均没能站上最高领奖台。第四项比赛项目是男子三米跳板，夺金重任压在了熊倪肩头。

在决赛中，熊倪前两跳并不好，被俄罗斯名将萨乌丁远远甩在后面。但第三跳和最后一跳，萨乌丁均出现了较大失误，而熊倪顶住压力反超，最终获得男子三米跳板冠军。

在颁奖仪式上，熊倪情绪非常激动，五次亲吻金牌。复出两年来，熊倪顶住压力、战胜自我，克服了伤病困扰，最终获得这枚来之不易的金牌。

几天之后，熊倪和队友肖海亮获得了男子双人三米跳板的金牌。四届奥运会获得3枚金牌，熊倪完美回报了培养他的祖国。

我与奥运

中国有上下五千年的历史，有着广阔的疆域和灿烂的文化，每一个中国人都为其自豪。是血缘、文化和爱国心，把中国人凝聚在一起，形成一股强大的力量。

每场体育赛事都是一次爱国主义教育，它让我们更清晰地认识到祖国的伟大和团结的力量，也让我们明白我们还需要更加努力让国家更加强大。

在我们的生活中，我们也可以时刻感觉到祖国的强大，让我们更愿意为其奉献我们的青春和力量。

思 考

1. 你还知道哪些爱国的人和故事？
2. 我们自身可以用哪些行动来爱国呢？

图书在版编目（CIP）数据

读故事塑品格：奥运精神我来学／何文遥著．——郑州：大象出版社，2022.4
ISBN 978-7-5711-1382-7

Ⅰ.①读… Ⅱ.①何… Ⅲ.①奥运会-青少年读物 Ⅳ.①G811.21-49

中国版本图书馆 CIP 数据核字（2022）第 043138 号

读故事塑品格：奥运精神我来学
DUGUSHI SUPINGE:AOYUN JINGSHEN WO LAI XUE

何文遥　著

出 版 人	汪林中
责任编辑	司　雯
责任校对	倪玉秀　张英方
装帧设计	王晶晶

出版发行	大象出版社（郑州市郑东新区祥盛街 27 号　邮政编码 450016）
	发行科　0371-63863551　总编室　0371-65597936
网　　址	www.daxiang.cn
印　　刷	河南新华印刷集团有限公司
经　　销	各地新华书店经销
开　　本	720 mm×1020 mm　　1/16
印　　张	12.5
字　　数	112 千字
版　　次	2022 年 4 月第 1 版　2022 年 4 月第 1 次印刷
定　　价	32.00 元

若发现印、装质量问题，影响阅读，请与承印厂联系调换。
印厂地址　郑州市经五路 12 号
邮政编码　450002　　电话　0371-65957865